ẞV reinhardt

Martina Hegemann

Wie das Küken zum Helm kam

Tierisch gute Geschichten zum Lesen und Vorlesen

Großdruck

Ernst Reinhardt Verlag München

Martina Hegemann, Rosendahl-Darfeld bei Münster, Journalistin, schreibt Geschichten, die aus Begebenheiten und Situationen des Alltags entstehen. Im Reinhardt Verlag außerdem von Martina Hegemann erschienen: „Das Leben ist eine Achterbahnfahrt“ (ISBN 978-3-497-02852-8; 2019).

Bibliografische Information der Deutschen Nationalbibliothek

Die Deutsche Nationalbibliothek verzeichnet diese Publikation in der Deutschen Nationalbibliografie; detaillierte bibliografische Daten sind im Internet über <http://dnb.d-nb.de> abrufbar.
ISBN 978-3-497-02936-5 (Print)
ISBN 978-3-497-61322-9 (PDF-E-Book)
ISBN 978-3-497-61323-6 (EPUB)

Printed in EU
Covermotiv: © istock.com / mathompl; istock.com / koya79
istock.com / eranicle
Satz: FELSBERG Satz & Layout, Göttingen

Ernst Reinhardt Verlag, Kemnatenstr. 46, D-80639 München
Net: www.reinhardt-verlag.de E-Mail: info@reinhardt-verlag.de

Inhalt

Alles was glänzt und blinkt

Alfons war ein Bauernsohn. Da er aber nicht der älteste der Kinder war, erbte sein großer Bruder den Hof. Deshalb musste Alfons sich einen anderen Beruf suchen. Lange brauchte er nicht für seine Wahl. Die nächstgelegene Molkerei suchte damals einen Lehrling und die Arbeit nahe an der Landwirtschaft gefiel ihm. Sogar seinen Meister hat er gemacht. Der Beruf ernährte ihn sein Leben lang, aber auf eines konnte er nie verzichten: einen Garten. Es steckte wohl in ihm drin, mit den eigenen Händen in der Erde zu wühlen und Obst und Gemüse anzubauen, wenn auch nur für den Eigenbedarf. Das schmeckte ihm einfach besser.

Besonders gern mochte er frische Erbsen direkt vom Strauch und aus der Schale. Ende Februar wurde er immer unruhig. Nach den kalten und gärtnerisch langweiligen Wintermonaten drängte es ihn nach draußen. Als erstes kamen die Erbsen in den Boden, die vertrugen das dann doch noch kühle Wetter gut. Auch dieses Jahr kramte er wieder rechtzeitig die Metallstäbe, an denen Maschendraht hing, hervor und legte sie schon mal bereit. Die wurden in ein paar Wochen gebraucht, damit die Ranken sich daran hochziehen konnten. Dann kaufte er Saatgut und bestimmte den Standort. Nachdem er die Erde mit seinem selbstgemachten Kompost aufgelockert und aufgewertet hatte, zog er ein paar Reihen und legte die Erbsen hinein, bedeckte sie mit Erde und breitete darüber eine dünne Folie aus. Die sollte die Vögel abhalten, denn die mochten das Saatgut auch gern. Mit dünnen Metallsteckern, den Heringen von seiner alten Zeltausrüstung, steckte er die Folie fest, damit sie nicht vom Wind fortgeweht werden konnte. Alfons war zufrieden.

Jeden Morgen schaute Alfons nach, wie sich das Beet entwickelte und überlegte bei dem Rundgang durch den Garten, was er denn dieses Jahr noch so anbauen wollte. Auch ein paar Blumen für seine Frau durften nicht fehlen. „Was ist denn das“, entfuhr es ihm leise, als er an das Beet mit den Erbsen kam. Die Folie war zerrissen, die Metallstecker waren weg und seine Erbsenreihen lagen offen vor ihm. „Na, so was“, meinte er und brachte es mit neuen Steckern in Ordnung. Gut, dass er noch genug davon aufgehoben hatte. Alles wieder in Ordnung, dachte er zufrieden.

Dabei blieb es aber nicht. Jeden Morgen bot

sich Alfons das gleiche Bild. Allmählich gingen ihm die Metallstecker aus. Langsam wurde er auch ärgerlich, zumal so merkwürdige Spuren in der Erde waren, besonders deutlich an den Stellen, wo die Stecker waren. „Wer will mich denn da ärgern?“, fragte er sich. „Ich werde mich mal auf die Lauer legen.“

Und das tat Alfons am frühen Abend. Ganz ruhig saß er in den letzten Sonnenstrahlen dick vermummt und mit Blick auf sein Beet auf einer Bank. Und tatsächlich: Nach einer Weile kam sie, eine Elster. Die Stecker glänzten in den letzten Sonnenstrahlen des Abends. Dorthin steuerte sie im Flug und landete genau vor einem Stecker. Dann schaute sie mit schrägen Kopf in seine Richtung, dachte wohl er sei keine Gefahr, da er ja ganz ruhig dort saß, und machte sich ans Werk. Nach ein paar Sekunden hatte sie den Stecker aus dem Boden geholt, hielt ihn mit dem Schnabel fest und flog auf einen Baum an der Gartengrenze. „Aha“, dachte Alfons, „na, dir diebischen Elster werde ich das Handwerk legen und die Stecker hole ich mir auch wieder. Das mache ich aber erst morgen Vormittag, jetzt ist mir doch etwas kalt geworden.“

Mit einer Leiter unter dem Arm steuerte Alfons am nächsten Morgen auf den Baum zu. Dort war die Elster verschwunden, dort musste ihr Nest sein. Vorsichtig stieg er die Leiter hoch. In einer Astgabel fand er das Nest, voll mit seinen Steckern und noch anderen kleinen Metallteilen. „Unglaublich“, grinste er, „die kann wohl alles brauchen, Hauptsache es glänzt und blinkt.“ Alfons nahm seine Stecker und stieg wieder von der Leiter. Soweit war alles geklärt, nur wie schützte er denn nun seine Erbsen? Die kleinen Stecker reichten ja nicht. Da fielen ihm die großen langen sogenannten Sandheringe ein. Die hatten sie beim Zelten immer dann gebraucht, wenn sie auf feinem sandigem Boden ihr Zelt aufbauen mussten, an der Nordsee zu Beispiel. Die waren fast einen Meter lang und glänzten auch nicht so. Damit würde es gehen und die Elster hätte keine Chance mehr. Gedacht, getan, Alfons rammte mit einem Gummihammer die langen Sandheringe an den Ecken der Folie in den Boden. „So, du diebischer Vogel“, sprach er Richtung Baum, „die kriegst du nicht aus dem Boden, da könnte ich wetten.“

Natürlich ging Alfons auch weiter jeden Morgen durch den Garten. Jetzt mit einem Lächeln, denn er konnte am Anfang noch an den Spuren erkennen, dass die Elster es noch versucht hatte. Aber wie erwartet, saßen die großen Sandheringe fest. Keine Gefahr mehr für seine Erbsen. Alfons freute sich jetzt schon auf die frisch ausgepalten grünen Kugeln. Die Pflanzen durchbrachen bereits die obere Erdschicht. Das erkannte er an den Stellen, an denen sich die Folie leicht angehoben hatte. In einer Woche konnte er schon die Folie abnehmen, vielleicht sogar schon Erde anhäufeln und die Rankhilfe aufstellen. Jetzt hatte sein Gartenjahr richtig begonnen.

Auf die Ohren kam es an

Marion stand in der Küche und räumte die Spülmaschine aus. Das Radio spielte Musik, wie immer, wenn sie in der Küche etwas erledigte. „Und nun", sprach der Moderator im Apparat, „spielen wir einige Titel für die Freunde der fünften Jahreszeit. Wir beginnen mit: Viva Colonia. Viel Spaß!" Und schon schallte es aus dem Radio: „Da sind wir dabei, das ist prima!". Marion summte mit. „Ach du je", fiel ihr ein, „es ist ja schon Anfang Februar und ich habe ja noch gar kein Kostüm!" Schnell räumte sie den Rest des Geschirres an seinen Platz.

Im Wohnzimmer setzte sie sich mit dem Laptop auf das Sofa. Im Radio wurden weiter Karnevalshits gespielt. Zu den Melodien von „Es steht ein Pferd auf dem Flur" und „Alles hat ein Ende, nur die Wurst hat zwei" öffnete sie im Internet ihren Lieblingsshop, um sich ein Kostüm auszusuchen. Während sie durch die Seiten scrollte, trottete Felix, ihr Kater herein und setzte sich neben sie. Seinen Kopf legte er so auf Marions Oberschenkel, dass auch er auf den Bildschirm gucken konnte.

„Na, willst du mir bei der Auswahl helfen?", fragte Marion. Felix schnurrte leise vor sich hin. „Schau mal, da gibt es ein Katzenkostüm, wie wäre das?" Felix blickte sie mit großen Augen an und seine Schwanzspitze zuckte nervös, als er das Kostüm auf dem Schirm sah. Marion lächelte. Ach ja, das war doch was. Vor ein paar Jahren hatte sie schon einmal ein Katzenkostüm. Alles war super, bis sie die Treppe herunterkam und die Ohren aufsetzte. Felix buckelte und fauchte sie an, als sei sie der größte Feind auf Erden. Ohne die Ohren ging es. Felix hatte sie nur ohne Ohren erkannt. Mit Ohren wurde sie zur Konkurrenz. Auf die Ohren reagierte Felix ganz allergisch und fauchte, um sein Revier zu verteidigen. Das nutzte ihr Mann noch ein paar Wochen nach Karneval. Immer, wenn Felix ihn nervte oder er sich einen Spaß erlauben wollte, schnappte er sich die Ohren und ärgerte Felix damit. Das war zwar Felix gegenüber nicht besonders nett, aber durchaus amüsant.

„Keine Sorge, mein geliebtes Fellbündel", beruhigte Marion ihren Kater. „Ich suche mir etwas anderes aus", und scrollte weiter. Bei Marienkäfer, Sonnenblume, Pirat und Co. schnurrte Felix wieder, auch die Schwanzspitze zuckte nicht mehr.

Marion suchte eine ganze Weile, fand aber nichts, worauf sie dieses Jahr Lust hatte.

Außerdem waren die Kostüme nicht gerade billig. „Ganz schön happige Preise“, sprach sie mit Felix, „findest du nicht auch?“ Felix kuschelte sich noch näher an sie ran. „Wenn man bedenkt, dass man das Kostüm vielleicht zwei Mal in der Session anzieht.“ Im Radio kam ein nicht ernstgemeinter Rat: „Ba-Ba-Banküberfall“. „Na, das ist ja nun wirklich keine Option“, murmelte Marion und sang trotzdem leise mit.

Nach einer Weile gab sie auf. Die Kostüme waren ihr zu teuer und wirklich überzeugt hatte sie auch keines. „Was machen wir denn nun dieses Jahr?“ Marion streichelte Felix. „Keine Idee, Felix? Schade.“ Sie kuschelten eine Weile auf dem Sofa. Dann meinte Marion: „Ich glaube, jetzt habe ich eine Idee.“ Felix schaute sie mit gespitzten Ohren an. „Keine Sorge, kein Tierkostüm“, grinste sie. „Ich gehe als Kartoffel.“ Felix schaute sie völlig ratlos an, als hätte er alles genau verstanden und sich nun fragte, wie sein Frauchen das denn wohl anstellen wollte. „Nichts einfacher als das“, erklärte sie eher sich selbst als Felix, „hier im Dorf schenkt mir der Willi, der ist Bauer, bestimmt einen alten Kartoffelsack. Da mache ich Löcher für Kopf, Beine und Arme rein, stopfe ihn gut aus, damit ich schön knollig aussehe und male mit wasserfester Farbe ein paar Augen drauf. Irgendwo in meiner Bastelabteilung habe ich noch Plastikblätter von alten Gestecken. Die binde ich mit Basteldraht um meine Arme und ein paar davon binde ich zu einem Kranz für den Kopf. Das wird bestimmt lustig." Der Kater blickte sie skeptisch an, so schien es ihr. Außer einem leisen Miau zeigte er weiter keine Reaktion. „Wirst schon sehen", nickte Marion. „Das wird super. Obendrein ist es preiswert und als Kartoffel geht bestimmt keiner." Sie freute sich richtig, auch auf das Basteln im Vorfeld. Ein wirklich selbstgemachtes Kostüm, das hatte sie seit der Kindheit nicht mehr gehabt.

Draußen wurde es langsam dunkel. Felix sprang vom Sofa und lief zur Tür. Mit leisem Miauen forderte er Marion auf, ihr zu folgen. Marion schaute auf die Uhr. „Ah, verstehe", sagte sie in Richtung Felix. „Es ist Abendbrotzeit. Ja, ich habe auch schon Appetit. Na, was wollen wir essen? Kartoffeln?" Felix schaute etwas überrascht und so gar nicht begeistert. Gemeinsam gingen sie in die Küche. „Keine Sorge", grinste Marion, „du bekommst natürlich etwas anderes. Da du mir so schön beim Aussuchen Gesellschaft geleistet hast, wie wäre es mit deinem Lieblingsessen: Hühnchen in Gelee?" Felix strich zustimmend um ihre Beine.

Der Spitz passt auf

Als Kind wollte ich immer gern einen Hund haben. Da meine Eltern aber jede Gelegenheit zu reisen nutzten, um die Welt kennenzulernen, wurde daraus nichts. Damals gab es so etwas wie Hundepensionen noch nicht. Deshalb stellte sich die unlösbare Frage: Wohin mit dem Hund, wenn der Urlaub anstand? Da ich es auch schön fand, in Urlaub zu fahren, hakte ich nicht weiter nach.

Trotzdem hatte ich Kontakt zu Hunden. Auf dem Land ist das nicht weiter schwierig. Dazu musste man nur regelmäßig auf einem Hof zu Gast sein. Fast jeder Bauer hatte einen Hofhund. Natürlich gab es auch einen Hund auf dem Hof, auf dem ich regelmäßig die Sommermonate zum Spielen verbrachte. Besser gesagt, eine Hündin, eine Wolfsspitzhündin mit dichtem grauweißem Fell.

Immer wenn ich mit meinem Fahrrad an der Hofeinfahrt ankam, stand sie schon da, genau auf der Grenze. Prüfte und stellte dann schwanzwedelnd fest: Ja, die darf auf den Hof, die gehört ab und zu zum Rudel. Und so klang dann auch das kurze erfreute Bellen, schließlich begrüßt so ein gut erzogener Hofhund die Gäste des Hofes. Natürlich freute die Hündin sich auch über die folgende Streicheleinheit. Das klang anders, wenn Fremde auf den Hof wollten. Da schlug sie richtig bedrohlich an, bis Herrchen oder Frauchen ihr zu verstehen gaben, dass alles in Ordnung ist.

Bella, so hieß die Hündin, war überall dabei. Wenn am frühen Abend die Kühe zum Melken von der nahen Weide in den Stall geführt wurden, passte sie auf, dass nicht eine Kuh plötzlich nach links oder rechts ausbrach. Das kam selten vor, denn die Kühe freuten sich auf den Stall. Dort gab es leckeres Kraftfutter und sie waren froh, ihre Milch abgeben zu können.

Auch beim Schweinefüttern und beim Rüben ziehen, mit dem wir uns unser Taschengeld aufbesserten, war Bella dabei. Äußerlich ganz ruhig hatte sie immer alles im Blick, während wir uns Rübe für Rübe vorarbeiteten. Fünfzig Pfennige zahlte uns der Bauer pro abgeernteter Reihe. Diese Reihen zogen sich bis zum Horizont, aus unserer Sicht schienen sie endlos zu sein und reich wurden wir dadurch natürlich nicht. Aber es machte Spaß und der Obolus reichte für eine kleine Süßigkeit aus dem winzigen Dorfladen.

Eines Tages blieb alles ruhig, als ich durch die Hofeinfahrt fuhr. „Wo ist denn Bella?“, fragte ich meine Spielkameradin. „Bella hat Junge. Hast du den dicken Bauch gar nicht bemerkt?“, meinte sie. Hatte ich tatsächlich nicht. Ich hatte das alles für einfach noch mehr dickes flauschiges grauweißes Fell gehalten. „Wie schön“, grinste ich nur. „Darf ich sie sehen?“, fragte ich dann. Natürlich durfte ich.

Es dauerte nicht lange, da turnten die sechs kleinen Wollknäuel ebenfalls über den Hof. Es war wunderschön sie miteinander spielen zu sehen. Jeden Nachmittag, wenn ich meine Hausaufgaben gemacht hatte, flitzte ich so schnell es ging mit meinem Rad zum Hof und wir Kinder tobten mit den Hunden um die Wette. Mein Wunsch nach einem eigenen Hund wuchs natürlich wieder. Aber jede Andeutung zu Hause wurde mit dem altbekannten Argument, wohin mit dem Hund auf Reisen, im Keim erstickt.

Irgendwann waren die Kleinen alt genug. Einer nach dem anderen verließ den Hof. Der Bauer gab sie in andere hoffentlich gute Hände. Nur ein junger Hund durfte bleiben. So hatte Bella wenigstens noch eines ihrer Kinder um sich. Und sie brachte ihm alles bei, was ein Hofhund so können muss. Auch das Wache stehen auf der Hofeinfahrt.

Jahrzehnte später saß ich im Café unseres Ortes und schaute den Radfahrern zu, wie sie den Radweg entlangfuhren. Am Nebentisch setzte sich ein junges Paar mit einem Hund. Ganz artig legte der sich zu ihren Füßen ab. Ein flauschiger Hund mit grauweißem Fell schaute mich von unten mit treuen und wachsamen Augen an. Es war ein Wolfsspitz, dieselbe Rasse wie Bella, die mich immer so freundlich in der Hofeinfahrt begrüßt hatte. Ob das wohl einer ihrer Nachkommen war? Wer weiß, jedenfalls erinnerte er mich an diese wunderbaren Sommer auf dem Hof.

Ein Moment der Stille

Maria wuchs im Münsterland auf. Dort fuhr man viel Rad. Die Landschaft mit ihrem parkähnlichen Hügelcharakter lud dazu ein. Zudem kam man so gut von einem Ort zum anderen. Immer wenn sie im Sommer nach der Schule die Hausaufgaben erledigt hatte, machte sie sich mit ihrem Rad auf eine Runde rund ums Dorf. Vorbei am Schloss, unter der Bahntrasse durch, den Hügel rauf und dann mit Schwung die Hauptstraße herunter ins Dorf zurück. Wenn der Wind ihr dabei um die Ohren pfiff, war das richtig klasse. Das mochte Maria am liebsten.

Als sie wieder einmal das Rad aus der Garage holte, rief ihre Großmutter: „Nimm' das kleine Schälmesser mit und die Vorratsdosen!" – „Warum?", fragte Maria am Anfang. Jetzt wusste sie schon, was Großmutter wollte.

„Stich' Löwenzahn aus für die Kaninchen, aber nicht die Stängel, die sind leicht giftig", erklärte Großmutter. „Und pflück' auch Himbeeren, die sind jetzt reif. Du weißt ja, wo die wachsen."

Das wusste Maria. Eine Lichtung mit Himbeersträuchern lag auf ihrer Route. Sie schnappte sich das Schälmesser und die Dosen mit Deckel, steckte sie in einen Beutel, hängte ihn an den Lenker und radelte los.

Ein perfekter Sommertag war es. Sonnig und fast schon zu warm. Maria fuhr Richtung Schloss, dann den kleinen Pfad an dem länglichen Fischteich vorbei. Ab und zu piepste ein Wasserhühnchen im Gras an der Uferböschung und eine Karpfenschnauze schaute aus dem spiegelglatten Wasser heraus. Das gab dann kleine Wellenkreise.

„Holen die Luft?", fragte sich Maria, „die können doch eigentlich unter Wasser atmen." Dann sah sie die kleinen Insekten. Wasserläufer flitzten über die Oberfläche und Mückenlarven hingen knapp unter der Wassergrenze.

„Ah, da wird lecker gegessen", stellte Maria fest. „Apropos essen", dachte sie weiter, „schnell ein paar Löwenzahn stechen, sonst schimpft Großmutter, wenn ich nichts mitbringe." Ruckzuck war das erledigt, denn am Rand des Pfades wuchs reichlich Löwenzahn. Fehlten noch die Himbeeren. Schnell fuhr sie weiter zur Lichtung mit den Sträuchern.

Dort waren die Dosen auch schnell gefüllt. Die Sträucher hatten ordentlich Früchte an den Zweigen. Vom Pflücken war ihr warm geworden.

Deshalb setzte sie sich auf einen Baumstamm im Schatten am Rande der Lichtung, um noch eine kleine Pause einzulegen, bevor sie die letzte Etappe, den Hügel hoch und wieder mit Tempo ins Dorf, begann.

Ganz still war es. Kaum ein Lüftchen regte sich, nur ganz sacht, so dass es nicht einmal die Blätter bewegte. Dann hielt sie den Atem an. Drei Rehe kamen zwischen den Bäumen gelaufen, blieben stehen, schauten sich um und begannen zu grasen. Sie hatten Maria nicht bemerkt. Maria blieb ganz still sitzen, wagte es nicht sich zu bewegen. „Wie schön", dachte sie nur. Ein Reh blickte in ihre Richtung, die Ohren zuckten leicht. Aber dann graste es ruhig weiter.

Irgendwann knallte in der Ferne ein Schuss. Alle Rehe schrecken auf, schauten sich um und rannten davon. „Schade, ich wäre gern noch ein bisschen mit euch hier sitzen geblieben", murmelte Maria. Sie schaute auf ihre Armbanduhr. Schon fast sechs Uhr, die Zeit war wie im Flug vergangen. Es war ihr gar nicht aufgefallen. Jetzt aber schnell nach Hause, sonst kam sie zu spät zum Abendbrot. Also wurde heute mal die Abkürzung genommen, die schnelle Abfahrt konnte auch bis morgen warten. Heute hatte sie ein anderes schönes Erlebnis gehabt. Und Großmutter und die Kaninchen würden sich über den frischen Löwenzahn freuen. Einen Teil der frisch gepflückten Himbeeren würde es bestimmt zum Nachtisch geben, lecker mit Quark. „Und den Rest wird Mutter bestimmt zu köstlicher Marmelade einkochen. Da haben wir im Winter was Feines zum Frühstück“, überlegte Maria. War doch gut, dass Großmutter ihr diese Aufgabe gestellt hatte. Sonst wäre sie nicht so lange am Rande der Lichtung geblieben und hätte die Rehe verpasst. Dann trat sie flott in die Pedale, um noch rechtzeitig zuhause zu sein.

Eine für euch, eine für uns

Eine Handvoll Erdbeeren pro Jahr aus dem eigenen Anbau ist was Feines. Die schmecken nämlich besonders gut. Weshalb ich vor drei Jahren den frostfesten Kräutertopf mit Erdbeerpflanzen bestückte, denn dafür sollte er auch geeignet sein. War er auch. So pflanzte ich in den kleinen Balkonen rings um den Topf je eine Erdbeerpflanze und in die große Fläche oben im Topf drei Pflanzen. Die verbliebenen drei Pflanzen, der Gärtner verkaufte sie, wie vieles andere auch, immer zu sechst, erhielten einen eigenen Topf, der daneben seinen Platz fand. Die Pflanzen fühlten sich wohl und gediehen prächtig, was auch am guten eigenen Kompost lag. Ich erfreute mich an der Blüte und den ersten grünen Früchten, die langsam heranreiften.

Eines Tages wollte ich die ersten Erdbeeren ernten. Bewaffnet mit einer Schüssel trat ich an die Töpfe und staunte nicht schlecht. Fast alle reifen Erdbeeren waren weg und der klägliche Rest wies Fraßspuren auf. Die süßen Früchte hatten auch die Vögel bemerkt. Ganz besonders die Drosseln, die sich so oder so schon über unsere Kirschen hermachten, hatten ganz schnell raus, dass es noch mehr schmackhafte Früchte im Angebot gab. Eine davon saß in respektvollem Abstand auf der Terrassenmauer und beäugte mich. Na, dachte ich nur, Hauptsache dir hat es geschmeckt.

Den großen Kirschbaum per Netz schützen war unmöglich, aber den Topf konnten wir schützen. Bambusstöcke, drei an der Zahl, steckten wir oben in die Erde. Darüber kam ein Vlies, das bis auf die Platten der Terrasse reichte. So waren auch die Pflanzen in den Balkonen geschützt. Durch dieses Häubchen bekamen wir doch noch etwas von den Früchten ab, wenigstens ein paar zum Naschen.

Nach der Ernte bildeten die Erdbeerpflanzen Ableger aus. Diese machten sich fröhlich in den Spalten zwischen den Sandsteinplatten unserer Terrasse breit. Eigentlich sollte man die Pflanzen nicht vermehren. „Sorte geschützt, Vermehrung verboten" oder so ähnlich stand auf dem Pflanzenstecker. Offensichtlich können Erdbeerpflanzen nicht lesen. Was zu den besagten Erdbeerpflanzen in den Spalten führte.

Dieses Jahr hatte meine Frau allerdings keine Lust ein Häubchen zumindest über die Pflanzen im Topf zu setzen. Nun sitze ich in den Pausen auf unserer Terrasse und die Drosseln und ich beäugen uns. Kaum zeigt eine Erdbeere ein zartes Rot, schon hüpfen sie auf der Balustrade herum. Wenn ich in der Nähe bin, trauen sie sich nicht so recht. Bleibt immer die Frage: Wer ist schneller bei der Ernte?

„Nicht doch lieber abdecken, wenigstens den Topf?“, fragte ich meine Frau.

„Nö, das macht das Gießen immer so umständlich. Auf Häubchen ab und wieder rauf habe ich keine Lust. Außerdem sind auch noch andere Pflanzen durstig, da dauert das Gießen schon lang genug“, war die trockene Antwort, mit folgender Begründung: „Und die Erdbeeren in den Spalten sind uns quasi zugewachsen. Außerdem sind die Vögel eigentlich unsere Freunde. Schließlich naschen sie nicht nur an unseren Früchten, sondern sorgen auch dafür, dass es nicht so viele Blattläuse und Raupen gibt. Ohne sie hätten wir wohl eher weniger Früchte, also sollen sie sich ruhig die eine oder andere Erdbeere holen.“

Na denn, dachte ich, läuft auf ein eventuelles Teilen raus.

Wenn ich das Taxieren der einen oder anderen Drossel so sehe, wie sie mit schrägen Kopf sowohl die Erdbeeren als auch mich mit ihren kleinen schwarzen Knopfaugen fokussieren, frage ich mich aber doch, ob das wohl klappt. Eine für euch, eine für uns. Schönes Motto.

Trotzdem beginnt ein kleines Wettrennen. Bis jetzt hatte ich Glück. Wenn ich morgens nach dem Frühstück schaue, sind die über Nacht gereiften Früchte meistens noch da. Eine kleine Schüssel voller Erdbeeren durfte ich schon genießen. Ein Stück weit funktioniert es also. Hat auch was, das Teilen mit den Geschöpfen der Natur.

Gemeinsame Medizin

Schweine fressen bekanntlich alles. Ob es das gute Kraftfutter ist oder auch die Reste vom Mittagessen sind, Schweine sind da nicht wählerisch. Wer in früheren Zeiten auf dem Dorf im Stall in einem Schweinekoben ein Schwein großgezogen hat, kennt das.

Auch die Familie von Franz hatte drei Schweine im Stall. Der Dorfmetzger nahm die auch gerne ab. In den 1960er Jahren durften sie ja auch noch selber schlachten und die von den Dorfbewohnern fett gefütterten Schweine konnte er sich selber aussuchen. So bekam er Qualität und seine Produkte schmeckten.

Während der Mastzeit musste Franz öfter die Schweine füttern. Mit ihren Schweineschnauzen stürzten die sich immer auf den Inhalt des Troges, besonders gern mochten sie auch kurz abgekochte Kartoffelschalen. Alles wurde verwertet und verwandelte sich so Häppchen für Häppchen in leckere Koteletts und Schweinespeck.

Eines Tages, im Herbst, als es für die Schweine hauptsächlich Kraftfutter und trockenes Heu gab, wollten die Schweine nicht fressen. Franz lief in die Küche, wo die Familie um den warmen Ofen versammelt saß. „Vater, die Schweine fressen nicht!“, machte er Meldung. „Nicht schon wieder. Immer dasselbe in dieser Jahreszeit“, brummelte sein Vater und legte die Pfeife weg. „Dann ist wohl wieder Zeit für die Medizin“, meinte er. Die Mutter zog die Stirn in Falten, sie wusste, was nun kam und es gefiel ihr eigentlich nicht. Vater schnappte sich die Flasche mit dem Kräuterlikör und verschwand im Stall.

Nach einer Viertelstunde kam er wieder. Die Flasche war leer und landete in der Aschetonne. „Der Magenbitter hat geholfen“, grinste sein Vater zufrieden. „Gut durch das Futter gemischt, hilft das immer.“ Mutter seufzte leise. Ein Großteil des Kräuterlikörs hatte mal wieder auch einen anderen Abnehmer gefunden. Vater hatte sich ebenfalls ordentlich am Inhalt der Flasche bedient, das konnte auch Franz riechen.

Zwei Wochen später sprach der Dorfmetzger vor. „Jupp, ich brauche ein Schwein“, begann die Verhandlung. „Allerheiligen wollen die Kunden einen Schweinebraten auf dem Tisch haben.“ Gemeinsam zogen der Metzger und Vater in den Stall, Franz lief hinterher, so was ist immer interessant.

„Die sehen gut aus“, meinte der Metzger. „Wie immer, wie machst du das bloß? Bestimmtes Futter oder was ist dein Geheimnis?“

Der Vater von Franz grinste nur breit. Franz ahnte, was sein Vater gerade dachte. Er lächelte leise in sich hinein. Die eine oder andere Flasche des Kräuterlikörs war die letzte Woche noch geleert worden. Der Metzger guckte etwas ratlos. „Ach weißt du, Hannes, es ist alles mit rechten Dingen zugegangen", meinte sein Vater dann, nahm einen Zug aus seiner Pfeife und fuhr fort: „Ich sage nur eines: Was für die Menschen gut ist, ist auch für die Schweine gut." – „Na, denn Prost!", dachte Franz nur und grinste heimlich in sich hinein.

Gemüserettung

Nach dem Frühstück startete sie wie jeden Morgen zu ihrem Rundgang durch ihren kleinen Garten. Kurz nachsehen, ob alles in Ordnung ist und zu ihrer Zufriedenheit wächst und gedeiht. Hier und da ein wenig unerwünschtes Kraut zupfen, damit die anderen Licht und Luft bekommen. Heute wollte sie zudem auch einen Salat und ein paar Radieschen ernten. Zu Mittag sollte es einen kleinen schmackhaften Salat geben. Doch was war das? Sie schaute verdutzt auf die Pflanzen. Gestern sah es doch ganz anderes aus. Fehlten da etwa hier und da die kleinsten und zartesten Pflänzchen? Und einige von den verbliebenen Pflanzen wirkten irgendwie angeknabbert. „Verdammt noch eins!", entfuhr es ihr. Da hatte ihr der Enkel schon extra ein Hochbeet gebaut, damit sie trotz ihrer altersbedingten Rückenschmerzen eigenen Salat und ein wenig Gemüse anbauen konnte, und dann so was! Die Fraßspuren konnten nur eines bedeuten: Schnecken! Und leider mehr als nur eine. Die Indizien waren eindeutig: Nicht nur angeknabberte

Blätter fanden sich, nein, auch die typischen eingetrockneten Schleimspuren. Wie hatten diese kleinen, schleimigen Mistviecher es nur in ihr Hochbeet geschafft? Gestern war doch noch alles in Ordnung.

Also gut, sagte sie sich, nun sind sie da. Jetzt heißt es überlegen, was zu tun ist. Aber zunächst pflückte sie einen noch nicht angeknabberten Salatkopf. Bei den Radieschen zog sie bewusst die mit den angenagten Blättern aus der Erde. Sie waren zwar nicht so groß, wie sie noch hätten werden können, aber als Zutat für den Mittagssalat reichte die Größe der Knollen aus.

In der Küche pflückte sie den Salat auseinander, um ihn zu waschen, denn etwas Erde haftet ja immer an den Blättern. Knackig soll er ja sein, aber das Knirschen von Sand zwischen den Zähnen ist alles andere als appetitanregend. In der Mitte, da wo die zartesten Blättchen sitzen, fühlte sie etwas. Es war klein, deshalb setzte sie ihre Brille auf. Eine kleine, fast noch winzige braune Wegschnecke, sozusagen eine Babyschnecke, krümmte sich dort zusammen. Frechheit, dachte sie und spülte das Blättchen gründlich ab. Weg war die Schnecke, sie war zur falschen Zeit am falschen Ort. Diese würde zumindest schon mal keine Chance mehr haben, Eier zu legen und Nachkommen in ihrem kleinen Garten zu erzeugen. Aber was mache ich gegen die bereits im Garten vor sich hin krabbelnden Exemplare, überlegte sie. Das Gemüse wollte sie ja eigentlich lieber selber essen. So sehr sie die Natur auch mochte, aber alles wollte sie ihr nicht durchgehen lassen.

Die üblichen Methoden fielen ihr prompt ein. Zuerst die Bierfalle, Becher mit Bier in die Erde und warten. Aber erstens hatte sie kein Bier im Haus und zweitens, so überlegte sie: Wenn die Schnecken Bier so gern mögen, würde sie dann nicht auch die Schnecken aus Nachbars Garten quasi zu einem Umtrunk einladen? Außerdem gefiel ihr die Vorstellung von ertrinkenden Lebewesen nicht so besonders. Schneckenkorn wurde in ihren Gartenheften immer angepriesen. Obwohl chemisch hergestellt, soll es ja die anderen Gartenbewohner schonen und nicht wirklich giftig sein. War das das richtige? So richtig gefiel ihr das auch nicht, also half nur eines: Absammeln! Und zwar in der Dämmerung, denn die gefräßigen kleinen Mistviecher sind nachtaktiv.

Am Abend bereitete sie sich auf die erste Sammeljagd vor. Ein leerer Becher, in dem zuvor Margarine war, und Einmalhandschuhe, schließlich sind die Schnecken schleimig und fühlen sich unangenehm an, gehörten zu ihrer Ausrüstung. Und gegen die aufkommende Dunkelheit setzte sie die Stirnlampe auf, die ihr Enkel bei ihr hatte liegen lassen. War nicht gerade ein Gerät zur Verschönerung, aber so konnte sie die Schnecken wenigstens sehen. So ausgerüstet mache sie sich auf in ihren kleinen Garten. Schnell war der Becher fast voll, der erste Schwung war abgesammelt. Sie setzte den Deckel auf und gab den Schneckenbecher in die Restmülltonne. Gut, dachte sie, auch nicht die netteste Methode, die Schnecken loszuwerden. Aber so hatten sie eine, wenn auch nur sehr winzige Chance zu überleben.

Das Licht ihrer Stirnlampe reflektierte an einer Fensterscheibe. Für die Nachbarn musste das ein seltsamer Anblick sein, ein Licht wandert durch den Garten. Sie musste lächeln. Da würde sie beim nächsten Seniorennachmittag bestimmt dem einen oder anderen erklären müssen, was sie da so tat, jeden Abend in der Dämmerung. Sie freute sich schon jetzt auf dieses bestimmt lustige Gespräch. Außerdem kannten die anderen das Schneckenproblem sicher auch. Wer weiß, vielleicht hatte der eine oder andere noch eine bessere Idee.

Ein paar Wochen später, sie hatte konsequent weiter gesammelt, fanden sich kaum noch Schnecken. Also konnte sie beim Seniorennachmittag stolz verkünden, dass ihre Methode Erfolg hatte. Da deren Ideen zur Schneckenbekämpfung auch nicht wirklich das Gelbe vom

Ei waren, waren die mit Garten ganz angetan davon. Gemeinsam kamen sie zu dem Ergebnis: Stetiges Absammeln rettet Gemüse!

Glückskatze

Hallo, mein Name ist Cassandra, aber mein Frauchen hat mich immer Cassie genannt. Ich bin eine Glückskatze. So nennen die Menschen Katzen, die wie ich ein Fell mit drei Farben haben. Warum sie das tun, weiß ich auch nicht, ist mir aber auch egal, solange ich genug Futter, Wasser und ein warmes gemütliches Plätzchen geboten bekomme.

Heute ist mein Futternapf wieder mit meinem Lieblingsfutter gefüllt. Mmh, das heißt im Flur steht auch schon der Transportkorb bereit. Bis vor zwei Jahren konnte ich den nicht ausstehen. Immer, wenn ich da rein musste, wurde es meist unangenehm. Ziel der Fahrt war fast immer der Tierarzt, nun ja. Aber jetzt ist es anders.

Mein Frauchen wohnt schon länger nicht mehr mit mir zusammen. Irgendwann konnte sie sich selbst und auch mich nicht mehr versorgen. Da blieb schon mal das Näpfchen leer. Mit freundlichen und bestimmten Miauen habe ich sie dann daran erinnert. Sie machte das ja nicht mit Absicht.

Das bemerkte auch der Sohn. Der sorgte dann

dafür, dass mein Frauchen einen guten Platz in einem Haus bekam, wo man sich um sie kümmerte. Leider durfte ich nicht mit dorthin umziehen. Aber auch da hatte ich Glück. Ihr Sohn brachte mich zu sich in seine Wohnung und füllt mir nun die Näpfe.

So wohne ich jetzt zwar nicht mehr bei meinem Frauchen, die immer da war, wenn ich kuscheln wollte. Aber die neue Wohnung ist auch nicht schlecht. Gut, am Anfang musste ich mir neue Lieblingsplätze in der Wohnung ihres Sohnes suchen, die zum Glück vorhanden waren. Das geliebte Körbchen und der Kratzbaum haben auch einen guten Platz gefunden. Allerdings ist mein neuer Dosenöffner tagsüber nicht da, weil er arbeiten muss. Dafür hat er mir den Balkon mit einem Netz sicher gemacht. Den kann ich dann benutzen, wenn er abends oder am Wochenende zuhause ist. Also alles in allem tip top in Ordnung. Denn im Gegensatz zu anderen Katzenkollegen, die Frauchen oder Herrchen verlieren, habe ich ein neues liebevolles Zuhause gefunden, statt ins Tierheim zu müssen. Mehr Glück geht eigentlich nicht.

Einmal in der Woche fährt er mit mir zu dem großen Haus, wo mein Frauchen jetzt lebt. Leider ist sie krank, dement nennen es die Menschen. Mittlerweile kann sie nicht mehr viel und liegt fast nur noch in ihrem Bett.

„So, Cassie, komm'", ruft mich der Sohn. „Dein wöchentlicher Besuch bei meiner Mutter steht an." Mit einem kurzem sanften Miau bestätige ich seinem Wunsch und klettere ich in den Transportkorb.

In dem großen Haus öffnet der Sohn im Zimmer seiner Mutter, meinem Frauchen, die Klappe. Ich hüpfte erst auf den Stuhl, dann auf das Bett. Die lieben Augen meines Frauchens schauen mich an. Ich kuschele mich auf die Bettdecke. Langsam finden ihre Hände mich und beginnen mich zu streicheln. Das ist schön. Ganz ruhig bleibe ich liegen und schnurre. Mein Frauchen lächelt. Sie freut sich über meinen Besuch und ihre Augen strahlen glücklich. Auch ich freue mich, sie zu sehen und genieße weiter ihr Streicheln.

„Vielen Dank, dass Sie das ermöglichen", sagt der Sohn zu der Frau, die mein Frauchen pflegt.

„Das machen wir gerne", antwortet die.

„Man sieht, dass der Besuch von Cassie meine Mutter glücklich macht", freut sich der Sohn.

„Ja, das sieht man ganz deutlich." Die Pflegekraft nickt zustimmend. „Schön, dass sie sich jede Woche die Zeit nehmen."

Das finde ich übrigens auch. Der Sohn kümmert sich zwar liebevoll um mich, die Näpfe sind immer voll und kuscheln kann ich auch mit ihm. Aber mein Frauchen ist eben mein

Frauchen. Und am liebsten mache ich mein Frauchen glücklich, wenigstens einmal die Woche.

Himmlisches Brot

Martha war auf dem Rückweg vom Seniorennachmittag. Kaffee und Kuchen waren wie immer lecker. Ihre Gedanken drehten sich um die Neuigkeiten, die der Pastor erzählt hatte. Er war vor kurzem von seiner Reise nach Afrika zurückgekehrt. Dort unterstützte er mit vielen anderen ein Schulprojekt.

„Aua", entfuhr es ihr. Es riss Martha aus ihren Gedanken. Instinktiv fasste sie sich an den Kopf. Eigentlich hatte es nicht wirklich wehgetan, aber erschreckt hatte sie sich. Sie schaute nach oben. Ein Walnussbaum breitete über ihr seine Äste aus. Voll mit Walnüssen, die nun langsam als reife Nuss ihre grüne Hülle verließen. Und eine davon hatte sie getroffen. Ein Eichhörnchen hüpfte in den Ästen. Es hatte wohl durch seine Bewegung eine Walnuss gelöst. Das niedliche braune Tier flitzte den Stamm herunter und stand auf der Straße. Es schaute sie mit schräg gelegtem Kopf und seinen kleinen schwarzen Knopfaugen und zitterndem Schwanz an.

„Du möchtest dich wohl entschuldigen, wie?",

murmelte Martha in Richtung Eichhörnchen. Das schnappte sich daraufhin eine vor ihm liegende Walnuss und rannte in den nächsten Garten davon. Niedlich, dachte sie noch.

Jetzt fiel ihr auch auf, dass rings um sie herum auf dem Bürgersteig ganz viele Walnüsse lagen. „Auf öffentlichem Grund“, überlegte sie. „Dann darf ich sie aufsammeln.“ Gedacht, getan.

Zuhause angekommen breitete sie die etwa vierzig Walnüsse auf einem kleinen Backblech aus, das sie selten benutzte. Die Walnüsse waren so frisch geerntet noch zu feucht, um schon gegessen zu werden. Ein paar Wochen trocknen mussten sie noch. Das Blech brachte sie dazu in ihren Vorratskeller.

Gute zehn Wochen später, in der Adventszeit, hörte Martha im Radio ein Weihnachtslied. Eine Zeile hieß: Apfel, Nuss und Mandelkern. Da fielen ihr die Walnüsse wieder ein. Die hatte sie in der Zwischenzeit ganz vergessen.

„Jetzt sollten sie trocken genug sein“, überlegte sie. „Wie schön, passend zur Weihnachtszeit.“ Sie holte das Blech aus dem Keller und knackte eine Nuss. Ein wunderschöner Walnusskern war darin, wie gemalt präsentierte er sich. Und er schmeckte prima, fand sie beim Probieren. Fünf Nüsse nahm sie beiseite. Die würde sie sich heute kleingehackt über einen Naturjoghurt streuen. Mit ein wenig Honig süßen und fertig war der gesunde und leckere Nachtisch. Mit dem Rest würde sie sich an Heiligabend ein Walnussbrot backen.

„Toll, dass mir die Nuss auf den Kopf gefallen ist“, freute sie sich. „So habe ich jetzt zu den Feiertagen ein schönes Brot. Danke, liebes Eichhörnchen, dass du mich durch dein Vorratssammeln aus Versehen auf die Nüsse aufmerksam gemacht hast. Und danke lieber Baum, dass du mir mit deinen Nüssen ein himmlisches Brot beschert hast.“

Hügellandschaft

Bertha stand mit ihrer ersten morgendlichen Tasse Kaffee am Wohnzimmerfenster. Von dort aus konnte sie ihren Garten mit Rasen und Beeten gut überblicken. In der letzten Januarnacht hatte es ein klein wenig Schnee gegeben. Alles war mit einer dünnen Schneedecke bedeckt. Ein wunderschöner Anblick.

Aber was war das? „Das kann doch nicht wahr sein!", entfuhr es Bertha. Die schöne weiße Fläche war von schwarzen Hügeln unterbrochen. Mehrere kleine und einige große Hügel reihten sich teilweise wie an einer Schnur aneinander. Und der frischeste Hügel direkt vor ihr am Rand des Rasens bewegte sich.

„Da gräbt er sogar direkt vor meiner Nase, der pelzige blinde Frechdachs", stellte Bertha leicht amüsiert fest. „Ist denn schon wieder Paarungszeit?" Bertha kannte sich ein wenig aus. Auch letztes Jahr hatte der Maulwurf Anfang Februar in ihrem Garten Hügel aufgeworfen. Deshalb hatte Bertha sich mit dem Leben der Maulwürfe beschäftigt. So wusste Bertha, dass die Maulwürfe ab Februar in der Paarungszeit waren und ihre Gänge sozusagen renovierten. Das schien ihr spezieller Freund gerade zu tun.

Eigentlich wollte sie wissen, wie sie ihn loswird. Nicht so einfach, denn dieser unterirdische Gräber stand unter Naturschutz. Fangen und Töten war verboten. Nur vertreiben war erlaubt. Aber die Methoden gefielen ihr alle nicht und, wie ein Nachbar feststellen musste, viel Erfolg bringen sie nicht. Sobald er mit seiner Vergrämtaktik etwas nachließ, war der Maulwurf wieder da.

Nun gut, sie wusste, die Grabetätigkeit würde nachlassen, sobald sie wieder regelmäßig den Rasen mähen würde. Das war letztes Jahr auch so.

„Nun, was soll es“, murmelte sie. „Zum Glück habe ich ja keinen super gepflegten Rasen und die runden kahlen Stellen wachsen schnell wieder zu.“

Sie trank den letzten Schluck Kaffee, während sie weiter den Anblick genoss. Eigentlich ergab es doch ein schönes Schwarz-Weiß-Bild, weiße Fläche mit schwarzen Hügeln.

Dann fiel ihr ein, dass der Geselle ja immerhin auch so einiges weg futterte, was sonst ihre Pflanzen schädigen könnte. Außerdem belüftete er gerade den Boden. „Da war doch noch etwas“, dachte Bertha. Sie fuhr ihren Computer hoch und schaute in ihrer Maulwurfdatei nach. „Genau“, nickte sie, „da steht es ja: Die aufgeworfene Erde ist bestens geeignet als Anzuchterde, da sie so schön feinkrümelig ist. Prima, es wird eh Zeit, meine Tomaten vorzuziehen. Dein Angebot, lieber Maulwurf, nehme ich gern an.“

Also holte sich Bertha so viel frische Erde, wie sie für das Vorziehen brauchte. Auf dem Rasen stehend, mit dem kleinen Eimer der frischen Erde, schaute sie über die Hügel. Hier hatte letztes Jahr nach dem Starkregen das Wasser ziemlich lange gestanden. Das war nicht gut. Dummerweise waren damals die Hügel schon eingeebnet und die Gänge waren wahrscheinlich auch eingebrochen. So konnten sie nicht so viel Wasser aufnehmen. Da wäre es doch gut, wenn der pelzige Wühler die Gänge etwas tiefer anlegen würde. Dann haben sie Drainagewirkung. Dann würde beim nächsten Starkregen das Wasser besser abfließen.

„Am besten, mein Lieber“, sprach sie zu den Hügeln, „du gräbst mir zuliebe einige Gänge in Richtung Wald hinten im Garten. Dort ist direkt hinter der Grundstücksgrenze ein kleiner Graben. Wenn einige deiner Gänge dort hineinführen könnten, so dass das Wasser abfließen kann, wäre ich dir sehr verbunden. Wie wäre es? Könntest du dich eventuell in Richtung Graben weiter ausbreiten?“

Natürlich bekam Bertha keine Antwort. Doch, was war das? Hinter dem letzten Hügel Richtung Graben bewegte sich etwas. Ein neuer kleiner schwarzer Hügel entstand. „Na, das nenne ich mal prompt reagiert“, freute sich Bertha. „ich sehe schon, wir zwei kommen irgendwie miteinander aus, nicht wahr?“ Und wie zur Bestätigung warf der unterirdische Gräber noch ein wenig Erde mehr hoch, um einige Sekunden später den nächsten Hügel in Richtung Graben aufzuwerfen. „Na dann, viel Spaß beim Buddeln“, grüßte Bertha. „Danke für die Erde. Ich gehe dann mal Pflanzen vorziehen.“

Kleine Lichter

Irgendwann klappte es mit dem Radfahren nicht mehr. Normalerweise war das für Elsbeth kein Problem. Mit ihrem Rollator kam sie im Dorf überall hin. Bank, Supermarkt, Kirche, alle Orte, die ihr wichtig waren, konnte sie noch allein und zu Fuß aufsuchen. Aber dieses Wochenende war es anders. Eine alte Freundin hatte zum Geburtstag eingeladen. Das freute Elsbeth sehr, aber Bernadette wohnte auf einem Bauernhof draußen vor dem Dorf. Zum Glück hatte Elsbeth liebe Enkel. Karin, die jüngste, bot sich an sie zu begleiten. So fuhren sie in Karins kleinem gebrauchten Wagen raus auf den Bauernhof zu Bernadettes Geburtstagsfeier.

Es war schön, viele Freunde und Bekannte auf der Feier wiederzusehen. Deshalb wurde es auch spät. Und obwohl es Juni war, war es bereits dunkel, als sie sich auf den Heimweg machten. Über schmale, aber immerhin gepflasterte Feldwege ging es zurück zum Dorf. Dabei durchquerten sie eine alte Eisenbahnunterführung. Kurz danach stotterte der Motor kurz – und dann ging nichts mehr.

„So was blödes“, grummelte ihre Enkelin Karin. Sie versuchte neu zu starten. Es klickte leise, aber es tat sich nichts. „Wird wohl die Batterie sein“, meinte Karin. Sie saßen ohne Licht in fast vollkommener Dunkelheit. Karin holte aus dem Kofferraum ein Warnzeichen, dass ein batteriebetriebenes Licht hatte. Das trug sie bis zur letzten Kurve kurz nach der Unterführung, durch die sie gefahren waren. Nicht, dass noch einer der anderen Gäste auf dem Rückweg von der Feier ins Dorf auf ihren liegengebliebenen Wagen auffuhr. Dann zückte Karin ihr Handy. „Ich rufe mal zuhause an“, meinte sie. „Vielleicht kann Vater ja mit einem Überbrückungskabel rauskommen.“ Elsbeth nickte dazu nur. Die Dunkelheit war ihr nicht ganz geheuer.

Nach dem Anruf saßen sie im Wagen. Zum Glück war es eine warme Juninacht. Ihr Sohn, Karins Vater, war auf dem Weg.

„Schau mal“, machte Elsbeth ihre Enkelin aufmerksam, „draußen tanzen kleine Lichter.“

„Wo?“ Karin schaute von ihrem Handy auf, mit dem sie gespielt hatte.

„Da drüben über dem Feldrand.“

„Jetzt sehe ich es auch.“ Karin schaute fasziniert. „Sieht lustig aus.“

Elsbeth lächelte. „Den Tanz der Glühwürmchen habe ich auch schon lange nicht mehr gesehen. Aber spät abends bin ich mittlerweile ja auch selten draußen. Außerdem tanzen sie nur in warmen Juninächten."

Sie schauten beide mit leisem Vergnügen den kleinen blinkenden Lichtern zu.

Nach einiger Zeit tauchten zwei Scheinwerferlichter den Feldweg in ein diffuses Licht und kam näher.

„Das wird Vater sein", stellte Karin fest. „Gleich werden wir sehen, ob es die Batterie ist. Auf jeden Fall kommst du gleich sicher nach Hause."

Routiniert war das Kabel angelegt und der Motor startete wieder. Karin fuhr Elsbeth danach nach Hause.

„Eine Panne ist zwar nicht schön", meinte Elsbeth während der Fahrt. „Aber die Zeit ist uns ja nicht lang geworden."

„Stimmt", grinste Karin. „Die Glühwürmchen haben uns ein schönes abendliches Ballett geboten."

Elsbeth lächelte. „Ja, ohne die Panne hätte ich das vielleicht gar nicht gesehen. So hat alles seinen Sinn. Und wirklich schlimmes passiert ist uns ja auch nicht. Solche Zufälle darf es gern noch ein paar mehr geben."

Man darf nicht alles einfach glauben

Der siebzigste Geburtstag von Egon im Kreise seiner Familie und der besten Freunde war prima verlaufen. Egon war sehr zufrieden. Alle waren gekommen und das Mittagessen und Kaffee und Kuchen schmeckten hervorragend. Zum Schluss saßen sie noch lange im Garten. Sein Enkel Thomas hatte dafür extra ein großes Gartenzelt aufgebaut, wo Tisch und Stühle für alle drunter passten.

Dort saß zum Schluss, als die anderen alle gegangen waren, auch sein Enkel und gönnte sich ein Bier. Egon gesellte sich dazu.

„Danke, mein Junge, das Zelt war eine tolle Idee“, lobte Egon. Thomas nickte als Zustimmung. Er war stiller als sonst, fand Egon. „Irgendwas nicht in Ordnung“, fragte er deshalb leicht besorgt.

„Keine Sorge, Großvater. Alles gut. Ich habe nur ein blödes Thema für das Seminar an der Uni erwischt und weiß nicht, wie ich das hinkriegen soll“, versuchte Thomas seinen Großvater zu beruhigen.

„Vielleicht kann ich ja helfen. Wie heißt denn das Thema?“ Ob er wirklich helfen konnte, bezweifelte Egon, aber manchmal hilft es schon, darüber zu reden. Ab und zu fällt einem dann das richtige ein.

„Na ja“, meinte Thomas, „das Seminar heißt ‚Ethik und Moral in Zeiten des Krieges‘. Da werden verschiedene Aspekte beleuchtet. Alle Themen für die Referate waren nicht ohne und auch nicht der Hit. So habe ich jetzt das Thema ‚biologische Waffen‘ erwischt.“ Er seufzte. „Ich weiß gar nicht, wie ich das aufziehen soll, außer Bakterien als praktisches Beispiel fällt mir gar nichts ein. Das ist aber irgendwie langweilig, ich brauche etwas anderes, etwas überraschendes.“

Puh, nicht einfach, dachte Egon. Dann fiel ihm etwas ein. „Ich glaube, ich habe eine Idee“, sagte er, „warte mal kurz, ich hol mal eben was.“ Er stand auf und ging ins Haus. Thomas fragte sich, was sein Großvater wohl für ihn haben könnte.

Nach ein paar Minuten kam Egon zurück und drückte seinem Enkel ein schon ziemlich altes und ein wenig vergilbtes Bilderbuch in die Hand. Ein schwarz-gelb gestreifter Käfer war auf dem Titel abgebildet. „Karl Kahlfraß und sein Lieschen“ las Thomas und schaute seinen Großvater fragend an. Egon grinste. „Das ist ein Buch für uns Kinder, das ab den fünfziger Jahren einige Jahre umsonst verteilt wurde“, begann er mit seiner Erklärung. „Damit sollten wir zur Bekämpfung des Kartoffelkäfers motiviert werden. Der soll nämlich, so hat das damals das Ministerium für Land- und Forstwirtschaft der DDR behauptet, mit Absicht auf unseren Felder von Flugzeugen der Amerikaner abgeworfen worden sein, um uns im Kalten Krieg zu schaden.“

„Interessant.“ Das Interesse von Thomas war geweckt. „Ein Käfer als biologische Waffe. Das ist was anderes als Bakterien.“

„Ob das stimmt, weiß ich nicht“, bremste Egon den aufkeimenden Enthusiasmus seines Enkels. „Mein Vater hat das jedenfalls geglaubt. Forsche da doch mal nach, vielleicht war ja was dran.“

„Hattest du auch noch damit zu tun?“, hakte Thomas nach, um weitere Infos zu bekommen.

„Na ja, Kartoffelkäferlarvensammeln war in meiner Kindheit ganz normal. Es gab sogar Prämien. Mit ihrer rosa Farbe mit den schwarzen Punkten sind die Käferlarven zwar keine Schönheit, aber Sammeln war besser als Schule. Klassenweise wurden wir auf die Äcker geschickt, damit wir im Winter Kartoffeln hatten.“

„Das ist auf jeden Fall mal eine Idee! Da gucke

ich doch mal, ob der Käfer tatsächlich eine Waffe war." Thomas freute sich.

„Und wenn du den Vortrag gehalten hast", bat Egon, „dann zeigst du ihn mir auch, ja? Ich bin ganz gespannt, ob da was dran war."

Drei Monate später besuchte Thomas seinen Großvater. Er zeigte ihm den Schein vom Seminar mit der Note, die er bekommen hatte. Eine Bestnote. „Das ist ja toll", beglückwünschte Egon seinen Enkel.

„Ja, der Käfer war eine super Idee!", bestätigte Thomas.

„Und? War er eine biologische Waffe?" Egon war neugierig.

„Nicht so richtig, aber alle haben sich gegenseitig beschuldigt, Kartoffelkäfer mit Absicht ausgesetzt zu haben. Das begann schon im Ersten Weltkrieg und ging dann immer so weiter. Dabei hat sich der Käfer, der tatsächlich aus Colorado in der USA stammt, nur immer weiter gemeinsam mit der Kartoffel verbreitet, was ihm ohne natürlichen Feind ganz gut gelungen ist." Thomas hatte sichtlich Freude seinem Großvater die spannenden Details zu erzählen. „Schon 1877 wurden die ersten Käfer gesichtet, in Rotterdam und Liverpool. Der Käfer kam wohl als blinder Passagier mit den Kartoffelpflanzen. So sind ja bereits auch einige andere Arten zu uns nach Europa gekommen. Von der

Westküste aus Colorado raus bis zur Ostküste der USA sind die Käfer entlang der Eisenbahn gewandert. Dort wurde die Kartoffel nämlich links und rechts der Bahn angepflanzt, damit die Arbeiter etwas zu essen hatten. Eigentlich fraß der Käfer nur eine bestimmte Pflanze, die nur in Colorado wächst, ein sogenanntes Nachtschattengewächs. Dann hat er mal an der Kartoffel genascht, auch ein Nachtschattengewächs, und siehe da: Sie hat ihm geschmeckt. Und so hat er sich bis heute, immer schön der Kartoffel hinterher, schon ganz schön weit verbreitet, bis nach Sibirien sogar."

Egon hörte fasziniert den Ausführungen seines Enkels zu. „Spannend, wie so manches zusammenhängt", bestätigte er. „Aber haben denn die Amerikaner den Kartoffelkäfer nun benutzt und war er denn dadurch auch eine biologische Waffe?" Egon wollte diese Frage unbedingt geklärt haben. „Das kann man nicht sagen. Aber darüber nachgedacht haben alle. Und sich immer wieder gegenseitig vorgeworfen, den Käfer eingesetzt zu haben, weshalb er im Ersten Weltkrieg auch ‚Franzosenkäfer' genannt wurde, weil die Deutschen dem Volk weismachen wollten, die Franzosen hätten ihn ausgesetzt. Dafür gibt es aber keine Beweise und die Franzosen hatten mit der Kartoffelernte mindestens genauso viele Probleme wie die Deutschen. Aber einmal wurde tatsächlich getestet, ob der Kartoffelkäfer als biologische Waffe taugen könnte. Zur Zersetzung der Moral des Volkes auf Feindesseite, das dadurch natürlich hätte hungern müssen. Der Test hat übrigens funktioniert, die über 10000 Larven haben den Sturz aus 8000 Meter Höhe über dem Abwurfgebiet tatsächlich überstanden. Was meinst du, wer den Test gemacht hat?"

„Ich habe keinen blassen Schimmer", meinte Egon.

„Das Dritte Reich. Hitler wollte den Käfer wohl wirklich nutzen. Deshalb wurden von der Deutschen Wehrmacht 1943 Kartoffelkäferlarven über der Pfalz abgeworfen. Dafür gibt es Belege."

„Nein!", staunte Egon. „Das eigene Volk war damals sozusagen Versuchskaninchen? Ist ja verrückt!"

„Die Larven sollten über England abgeworfen werden, dazu ist es aber nicht mehr gekommen. Alles andere sind vermutlich Falschmeldungen, denn weitere Beweise gibt es nicht. Der Kartoffelkäfer hat sich wahrscheinlich ganz von allein vermehrt, aber heute haben wir ihn ja im Griff. Zum Glück, denn er mag auch Tomaten, Auberginen und noch weitere Pflanzen. Der könnte uns ernsthafte Schwierigkeiten machen, aber er macht auch nur, was die Natur ihm vorgibt."

„Und die meisten Behauptungen, mal abgesehen von dem Versuch der Wehrmacht, sind also nur erfunden?“ Egon wollte noch mehr wissen.

„Das sieht ganz so aus“, stimmte Thomas zu. „Der Käfer selbst war zwar nicht die Waffe, aber er wurde missbraucht, indem man behauptete, der Feind hätte ihn benutzt. Alles nur, um das Volk zu beeinflussen. So was nennt man heute Fake-News.“

Egon schüttelte amüsiert den Kopf. „Auch keine neue Erfindung“, grinste er. „Was heute Fake-News genannt wird, haben wir früher schlicht Propaganda genannt. Da kann man mal sehen: Egal, was behauptet wird, man muss immer aufpassen und am besten selber nachhaken, sonst glaubt man hinterher noch jeden Mist.“

Mäusejagd

Es wurde langsam Herbst. Die überall hängenden Spinnweben und die bereits wieder niedrigstehende Sonne zeigten es deutlich an. Es war zum Glück auch nicht mehr so heiß und die Abende wurden schnell kühl.

Das bedeutet, sagte sich Elvira, jetzt muss ich wieder darauf achten, dass die Türen geschlossen sind. Sonst kommen die Mäuse rein, die haben es auch gern warm und kuschelig. Sie schaute zur Terrassentür, ja, sie war zu. Soweit alles gut. Sie schaute von ihrem Liegestuhl aus in den Garten.

Alte Erinnerungen fanden ihren Weg. Sie kicherte in sich hinein. Mäuse, ja da war doch was in ihrer Kindheit. Ihre Eltern hatten noch den Krieg erlebt, deshalb durfte nichts weggeworfen werden. Möbel wurden so lange benutzt, bis sie auseinanderfielen oder sie wurden auf dem Dachboden und im Keller verstaut. Es könnte ja sein, dass die noch gebraucht werden könnten. Was allerdings höchst selten der Fall war. So wurden die Speicherflächen immer voller.

Eines Tages jedoch, im Herbst, kam sie wie immer zu Mittag von der Schule nach Hause.

Helle Aufregung im Haus und kein Mittagessen auf dem Tisch. Vater, Mutter, ihre Schwester und auch noch ein paar Nachbarskinder tobten und jagten durchs Wohnzimmer.

„Was ist denn hier los?“, fragte sie in die Runde.

„Frag’ nicht so lang, hilf’ schnell mit, wir haben Mäuse im Wohnzimmer!“, rief ihre Mutter und rannte dabei um das Sofa. Auch die anderen rannten von einer Seite zur anderen. Ein wildes Durcheinander. Jetzt sah auch Elvira eine Maus vom Sofa zum Sessel huschen. Und schwupps, war sie in einer der Ritzen verschwunden.

„So ein Mist“, schimpfte ihr Vater. Alle rannten noch einige Male um die gesamte Sofagarnitur im Wohnzimmer. Es war faszinierend, wie schnell so eine kleine Maus sein kann. Immer wenn einer von ihnen dachte, jetzt sitzt sie in der Falle, dann hüpfte sie davon. Die Erwachsenen mussten richtig aufpassen, dass sie nicht zu sehr fluchten, schließlich waren wir Kinder ja dabei. Doch irgendwann hatten sie die Maus mit Hilfe eines Eimers gefangen. Mutter hatte es geschafft, den Eimer im richtigen Moment über die Maus zu stülpen. Jetzt hieß es nur noch, diesen mit Hilfe einer festen Pappe abzudecken und umzudrehen, damit Vater ihn mit Maus nach draußen bringen konnte. Was immer er mit der Maus gemacht hatte, bis heute wusste es keiner.

Währenddessen schaute Mutter unter die Sofakissen und wurde prompt fündig. Ein Mäusenest befand sich dort. Die kleinen noch nackten und blinden Mäuschen bekam Vater zum Abtransport und Mutter prüfte, ob die Sofagarnitur noch verwendbar war. War sie nicht, da die Mäusemutter das Innere der Kissen gründlich auseinander gepflückt und zum Nestbau verwendet hatte und auch so einige andere Stellen sahen doch recht angenagt aus. Außerdem waren beim genauen Hinsehen auch reichlich Mäuseköttel vorhanden. Logisch, irgendwo musste die Maus die ja lassen. Die Möbel zu reinigen und zu reparieren wäre also ein Riesenaufwand gewesen. Manchmal wurde das gemacht, aber diesmal war es sogar unseren sparsamen Eltern zu viel.

„Na dann", stellte Vater fest, „da werden wir wohl neue Möbel fürs Wohnzimmer brauchen. Und die können ja wohl weg, so angefressen, wie die sind, oder?" Erstaunlicherweise gab es keinen Widerspruch. So kamen wir zu neuen Wohnzimmermöbeln und das ganz ohne einlagern im Keller oder auf dem Dachboden.

Elvira in ihrem Liegestuhl trank einen Schluck Limonade und lächelte wegen dieser Erinnerung in sich hinein. Schon etwas verrückt damals: Nichts durfte weggeworfen werden, außer die von Mäusen zerknabberte Sofagarnitur.

Meisenhirn

Manchmal habe ich das Gefühl, die Menschen halten uns für blöd. Wahrscheinlich nur, weil wir klein sind und sie sich nicht vorstellen können, das auch wir denken können. Unser Hirn ist nämlich für unsere Größe völlig ausreichend. Mit dessen Leistung kommen wir gut durchs Leben. Daher finde ich es immer sehr lustig, wenn sie sich über uns Vögel im Allgemeinen und uns Meisen im Besonderen unterhalten.

Neulich saß ich mal wieder auf einer Pergola für Wein, um kurz zu verschnaufen. Schließlich war ich schon seit dem frühen Morgen unterwegs, um Futter für meine Kinder zu suchen. Ganz schön anstrengend. Von meinem Platz aus konnte ich in ein Haus der Menschen schauen. Dort lief der Fernseher; und was soll ich sagen? Wir Meisen waren Thema. Ich hörte gespannt zu. Man stritt sich darüber, ob man denn wohl die Vögel auch im Sommer füttern soll. Na, wenn die Menschen sonst keine Probleme haben. Also, ich freue mich über die zusätzlichen Körner. Und einer, der dort im Fernsehen diskutierte, war da ganz meiner Meinung. Prima, dachte ich und zwitscherte zustimmend.

Aber jetzt mal im Ernst. Ich erkläre es jetzt mal. Klar, nehme ich gern die Körner in Anspruch. Wenn ich meine Nestlinge zu füttern habe, geht alles Gute an meine Küken. Das macht ihr Menschen doch auch nicht anders, oder? Also werden die gefangenen Würmchen an meine Kinder verfüttert. Und zwar lebend und einzeln, da die Würmchen die Kleinen sonst beißen könnten. Das ist kein Scherz. Da bleibt bei dem nicht enden wollenden Appetit der Kleinen für uns Elternvögel kein Wurm mehr übrig. Deshalb sind wir jedem Menschen dankbar, der auch im Sommer das Futterhäuschen füllt. Und ja, wir wissen ganz genau, dass das Körnerfutter für unsere Kinder schädlich ist. Aber für uns Erwachsene ist das willkommener Treibstoff, der uns bei der Fütterung hilft. Keine Sorge, wir verfüttern keine ungesunden „Körnerhamburger", wie einer der unwissenden Menschen mal behauptet hat. Das Futter aus dem Futterhaus ist nicht für die Kleinen, es hilft uns Erwachsenen, bei der Aufzucht bei Kräften zu bleiben. Und es hilft natürlich im Winter, um diesen zu überstehen. Aber sie dürfen mir glauben, Körner und Meisenknödel lassen wir links liegen, wenn wir etwas anderes bekommen können. Leckere Larven und Würmer zum Beispiel, wunderbares saftiges Eiweiß statt staubige Kalorien.

Denken Sie sich doch mal in uns hinein und dann fragen Sie sich doch mal Folgendes, so im übertragendem Sinne: Wenn ich eine Wurst haben könnte, warum sollte ich trockenes Brot fressen?

Mit Oma im Garten

Als ich ein Kind war, hatten wir hinterm Haus einen Garten. Nicht nur mit Rasen und Blumenbeeten, wie es heute oft ist, sondern mit vielen Nutzpflanzen. Kartoffeln wuchsen in leicht aufgeschütteten Hügeln, Bohnenstangen reckten sich gen Himmel, grün umschlungen von den Bohnenpflanzen, die erst wunderschön weiß blühten und dann lange grüne Bohnen trugen. Für die Bewirtschaftung war meine Oma zuständig. Ab und zu, wenn ich meine Hausaufgaben erledigt hatte, musste ich helfen. Unkraut jäten und andere Hilfstätigkeiten gehörten einfach zu meiner Kindheit dazu.

Einmal musste ich bei den Salatpflanzen helfen. Nach dem Rupfen der unerwünschten Beikräuter grubbelte Oma die satte dunkle Erde zwischen den Pflanzen auf. Dabei beförderte sie den einen oder anderen Regenwurm ans Licht. „Sammle mal ein paar Pillewürmer auf und bring sie den Hühnern“, forderte sie mich auf. Damals hatten wir auch einen kleinen Hühnerstall mit einem Auslauf. Der war betoniert und komplett mit Maschendrahtzaun umgeben, auch oben, damit die Hühner nicht in den Garten kamen. Und natürlich war das auch zum Schutz gegen Räuber wie Marder und Füchse gedacht. Ich tat wie geheißen. „Du, Oma", fragte ich allerdings neugierig, bevor ich ging. „Warum dürfen die Hühner denn die Würmer nicht einfach selber zwischen dem Salat sammeln?"

Oma guckte mich an. „Möchtest du keinen Salat essen?"

Nun, grüner Kopfsalat war auch damals nicht gerade das Lieblingsessen von Kindern, schon gar nicht mit der damals üblichen Soße mit ein paar Tropfen Kondensmilch. Mein Gesichtsausdruck muss das auch deutlich widergespiegelt haben.

„Ich sehe schon", meinte Oma, „Salat wäre dir egal. Aber was ist mit Möhre, Kohlrabi oder den Erbsen?"

Ja, das Gemüse mochte ich, ganz besonders die frischen Erbsen. Frisch vom Strauch, direkt aus der Schale gepalt, schmeckten die am aller besten. Ich nickte zustimmend. „Siehst du, davon könntest du weniger naschen, wenn die Hühner frei im Garten laufen würden", erklärte Oma ganz ruhig, aufgestützt auf der Querstange der Hacke, mit der sie die Erde aufbrach. „Die würden nämlich nicht nur die Würmer suchen, sondern durch ihr Scharren auch vieles andere zerstören. Und den Samen, den wir säen, mögen die auch gern.“ – „Ach so“, meinte ich. „Aber die anderen Vögel sammeln und scharren doch auch.“ – „Das stimmt, aber nicht so gründlich wie die Hühner“, nickte Oma. „Außerdem helfen die uns auch bei den Läusen. Da darf man ihnen das eine oder andere Samenkorn ruhig gönnen.“

Bevor ich zum Hühnerstall ging, wollte ich noch mehr Regenwürmer aufsammeln. „Lass mal, du hast genug“, stoppte Oma mich, „die anderen Regenwürmer sollen sich mal schnell wieder in die Erde verkriechen, das ist gut für die Erde und damit gut für unsere Ernte.“ Ich hörte mit dem Sammeln auf. „Und nun lauf und bring den Hühnern ihre Würmer. Die freuen sich bestimmt darüber und wir haben dann leckere Eier.“

Möwen mögen Margarine

Elsa und Marion machten es sich am Kamin bequem. Draußen regnete es und ein eisiger Wind blies, außerdem war stürmisches Wetter angekündigt. Da konnte der sonst übliche Spaziergang getrost warten. An so einem ungemütlichen Novembertag war es am Kamin schön kuschelig. Dazu tranken sie eine leckere Tasse Teepunsch, nicht zu starker schwarzer Tee mit einem Schuss Köm. Den passenden Köm, den es sonst nur an der Küste gab, hatte Elsa vor kurzem hier im Dorfsupermarkt entdeckt. Während die großen Zuckerstücke, Kluntje genannt, in der heißen Flüssigkeit leise vor sich hin knackten, fiel ihnen ihr Urlaub auf Amrum wieder ein. Dort hatten sie auch gern einen Teepunsch getrunken.

Elsa holte ein altes Album hervor und sie schauten sich die Bilder von damals an. Die Nordsee, die Dünen, alles wurde in ihrer Erinnerung wieder bunt, als sei es gestern gewesen, auch die Sache mit den Möwen.

Sie waren damals noch jung, weshalb sie mit dem Zelt unterwegs waren. Das war spannend und preiswert. Auf dem Campingplatz auf Amrum war das Zeltaufstellen allerdings nicht ganz so einfach. Die Dünen boten mit ihrem Sand wenig Halt. Gut, dass sie die Sandheringe eingepackt hatten. Fast einen Meter lang mussten die mit einiger Mühe mit dem Gummihammer in den feinen Dünensand getrieben werden.

Sie hatten alles Wichtige dabei, auch für das erste Frühstück. Brot, eine feste Salami und einen Becher Margarine. Darauf hatte Marion bestanden, weil sie meinte, sie würde sonst die zwar leckere, aber doch trockene Wurst nicht runter kriegen. Also hatte Elsa zugestimmt, obwohl sie ja eigentlich nur Sachen mitnehmen wollte, die keinen Kühlschrank brauchten.

Noch am ersten Tag wollte Elsa unbedingt zum Hafen. Frische Krabben vom Kutter kaufen, darauf hatte sie sich schon seit der Planung der Reise gefreut. Vor dem Zelt sitzend pulte sie das rote Fleisch der Krabben eine nach der nächsten aus der Schale. Daraus machten sie sich ein wunderbares Krabbenbrot. Die Schalen verstaute sie in einem Plastikbeutel. Fest verknotet parkte sie ihn außen an der Zeltwand. Die Nächte waren kühl, weshalb die beiden Frauen auch den Becher Margarine dort deponierten.

Die Nacht verlief ruhig und die gute Nordseeluft ließ die Frauen tief schlafen. Als Marion am nächsten Morgen das Zelt öffnete, entdeckte sie rund um ihr Zelt unzählige Abdrücke, eindeutig Zehenabdrücke von Vögeln. „Spannend, was nachts so um das Zelt los ist“, dachte sie noch und wollte zum Margarinebecher greifen. Doch, was war das?

„Elsa, guck dir das mal an!“, rief sie ins Zeltinnere.

„Was ist denn?“, fragte Elsa noch etwas verschlafen.

„Die Margarine ist weg.“ Marion war etwas aufgeregt.

„Tatsächlich“, stellte auch Elsa fest. Der Becher war geöffnet worden und bis auf kleine Reste, die wie winzige spitze Kegel auf dem Boden des Bechers zu sehen waren, komplett leer.

Elsa schaute sich um. Der Beutel mit den Krabbenschalen war ebenfalls nicht mehr unversehrt. Völlig zerrupft und über den kleinen Vorplatz ihres Zeltes hatten die gefiederten Räuber das Plastik und noch die eine oder andere Krabbenschale verteilt.

„Verflixt, dass die gefräßigen Möwen auch gern Krabben fressen, daran habe ich nicht gedacht“, entschuldigte sich Elsa. „Da sollten wir gleich mal ein wenig aufräumen. Aber Margarine?“

Marion überlegte kurz und meinte versöhnlich grinsend: „Mit dem Fett der Margarine rutschten die Schalen wohl besser.“

Da musste auch Elsa lachen. Auch in der Erinnerung freuten sie sich über diese tierische Begegnung. „Noch einen Teepunsch, Marion?“, fragte Elsa. Der Regen draußen hatte sich mittlerweile tatsächlich zu einem kleinen Sturm gemausert. „Ich muss doch noch Auto fahren“, warf Marion ein. „Ach was, doch nicht bei dem Sturm. Das Gästebett ist gemacht“, bot Elsa an. „Lass uns lieber schön am Kamin sitzen bleiben und mit noch einem Teepunsch auf unsere gemeinsamen Erlebnisse anstoßen.“

Nichts geht über Kuchenkrümel

Ich gebe zu, ich liebe Futter in jeder Form und an zweiter Stelle kommen Streicheleinheiten. Als ehemaliger Straßenhund kann ich nicht genug davon bekommen. Da trifft es sich gut, dass mein neues Frauchen in einem Altersheim arbeitet. Sie darf mich mitbringen, weil ich sanft und artig bin. Das habe ich in einer speziellen Hundeschule gelernt. Mein offizieller Beruf ist jetzt Therapiehund. Und der gefällt mir gut.

Meine Größe ist ideal. Wenn ich vor oder neben den sitzenden Senioren stehe, können die mich ohne Probleme streicheln. Die Leckerchen sind ebenfalls in optimaler Höhe. Obwohl ich ganz heiß auf die Happen bin, nehme ich sie immer ganz vorsichtig. Ich brauche nur meinen schönsten Blick aufsetzen, schon gibt es entweder etwas Leckeres oder ich werde gestreichelt. Super! Und die Senioren sehen auch ganz glücklich aus, sie lachen mich an. Wenn es mir zu viel wird, habe ich aber auch einen

Rückzugsort. Im Zimmer für die Pflegekräfte liegt meine Hundedecke. Dahin kann ich mich zurückziehen und eine Pause genießen.

Ein Zimmer hier finde ich besonders spannend: das Esszimmer. Dort nehmen die Senioren ihre Mahlzeiten ein. Dieses Zimmer ist für mich eigentlich verboten. Ich versuche aber immer wieder, mich einzuschleichen. Gelegentlich, wenn die Pflegekräfte nicht genau hinsehen, klappt das. Dann ducke ich mich unter einen der Tische und hoffe darauf, dass ich etwas abbekomme. Manchmal fällt auch etwas zu Boden. Da bin ich dann sofort zur Stelle. Wenn mich mein Frauchen oder die anderen Pflegekräfte erwischen, schimpfen sie und setzen mich vor die Tür auf den Flur. Dabei ist es doch eigentlich ganz praktisch, wenn ich die Häppchen vom Boden wegfresse. Da müssen sie weniger auffegen.

„Boris", das ist mein Name, „Boris, das ist unhygienisch", sagt Frauchen dann immer, „das geht nicht! Raus hier!" Sie zeigt in solchen Momenten mit ausgestrecktem Arm auf den Flur. Dann troll' ich mich lieber. Meistens habe ich dann ja auch schon einiges verschlungen.

Eines Tages waren mein Frauchen und die Kollegen ganz aufgeregt und nervös. Im Zimmer für die Pflegekräfte besprachen sie den Tag.

„Weiß jemand, wann der Prüfer kommt?",

fragte Kevin, der einzige männliche Pfleger in der Runde.

„Leider nein, irgendwann im Laufe des Tages“, mutmaßte Dorothea, die auf dieser Station das Sagen hatte. „Der klappert wohl die ganze Gegend ab und kann daher keinen genauen Zeitpunkt nennen.“ Alle seufzten. „Das heißt für heute: Den besten Dienst machen. Ich weiß, ihr gebt immer euer Bestes, aber behaltet den Besuch einfach im Hinterkopf, dann wird das schon“, munterte Dorothea alle auf und entließ alle in ihren Arbeitstag. Nur mein Frauchen wurde aufgehalten.

„Kurzen Moment, Kathrin“, sprach Dorothea mein Frauchen an der Tür an. „Achte heute bitte besonders auf Boris, nicht dass er ausgerechnet dann sich in den Essraum schleicht, wenn der Prüfer da ist.“

„Ja, alles klar“, meinte mein Frauchen. „Wenn alle mit dran denken und ein Auge auf Boris haben, wird es schon klappen.“

So, so, dachte ich nur, das wollen wir doch mal sehen. Leckeres Essen ist für mich ein Riesenansporn. Mal sehen, wer gewinnt.

Interessanterweise durften an diesem Tag die Senioren mir besonders viel Futter zustecken. Gut, Hunger hatte ich an diesem Tag nicht, aber mein Appetit ist unstillbar. Also lauerte ich zu den Essenszeiten im Flur vor der Tür zum

Esszimmer. Heute passten alle höllisch gut auf. Weder beim Frühstück noch beim Mittagessen gelang es mir, mich einzuschleichen.

Dann wurde es hektisch. „Der Prüfer ist im Haus“, flüsterten sich alle total aufgekratzt zu. „In etwa einer halben Stunde kommt er auf unsere Station.“

Dorothea schaute auf die Uhr. „Gar nicht schlecht, da ist Kaffeezeit. Alle sind beschäftigt mit Kaffee und Kuchen und er kann dann dort die Bewohner befragen.“

Alle begannen damit, die Tische zu decken und die Bewohner freundlich in das Esszimmer zu begleiten, sofern sie den Weg nicht mehr selber meistern konnten. Ich lauerte wieder im Flur. Aber keine Chance, alle passten auf, dass ich nicht durch flutschte. Zu dumm, Kuchenkrümel mag ich nämlich besonders gern.

Dann war er da. Als erstes prüfte er die Unterlagen. Schien alles in Ordnung zu sein, Frauchen und die anderen schauten ganz erleichtert. Jetzt waren sie auf dem Weg zum Esszimmer. Dort saß ich ganz unschuldig neben der Tür und schaute so nett, wie ich konnte.

„Ah, der erwähnte Stationshund“, sagte der Mann, als er mich sah. „Sieht doch ganz nett aus.“ Ich hob als Gruß eine meiner Pfoten. „Und freundlich grüßen kann er auch noch. Prima.“ Der Prüfer lächelte. Dann griff er zur Klinke der

Tür, die in das Esszimmer führte. Kaum hatte er die Tür einen Spalt breit geöffnet, quetschte ich mich blitzschnell durch.

„Boris!“, schimpften alle gleichzeitig, nur der Prüfer nicht. Der grinste nur.

„Das kann doch mal passieren“, meinte er. „Und wie ich sehe, die Senioren freuen sich darüber.“ Alle atmeten auf. „Das sollte nur nicht zur Gewohnheit werden, nicht wahr?“, mahnte er scherzhaft. „Für heute habe ich nichts gesehen, alles klar?“ – „Danke“, murmelte Dorothea. Und Frauchen holte mich aus dem Zimmer, bevor ich alle Krümel vom Boden suchen konnte.

„Ab mit dir auf deine Decke, du Naschkopf“, sprach sie mit mir. „So was kann uns beiden den Job kosten. Aber das verstehst du natürlich nicht. Heute Abend brauchst du aber wohl kein Abendbrot mehr, was?“

Schade, dachte ich damals. Denn Fressen kann ich immer, egal, wie viel mir die netten Senioren über den Tag so zustecken.

Pflaumenkuchen mit Wurst

Es war ein wunderschöner Spätsommertag. Ideal, um auf der Terrasse zu sitzen und Pflaumenkuchen zu essen. In Gerdas Garten hatte der Pflaumenbaum dieses Jahr reichlich Früchte getragen, so dass sie ihre Freundinnen mit Pflaumenkuchen mit eigenen Früchten von ihrem geliebten Pflaumenbaum verwöhnen konnte.

Leider entdeckten auch Wespen recht schnell die süße Leckerei. Helga, Gerdas beste Freundin, wurde ganz nervös und versuchte mit Wedeln und Pusten die kleinen gelb-schwarzen Biester zu vertreiben, denn sie hatte mächtig Angst vor den Stichen.

„Nicht schlagen, ganz ruhig bleiben und um Himmels willen nicht anpusten!“, warnte Gerda.

„Wieso?“, fragte Helga.

„Weil die Wespen sich durch die Hektik angegriffen fühlen und durch deinen Atem, der Kohlendioxid enthält, denken sie, es würde sie ein Bär angreifen – und dann stechen sie erst recht“, erklärte Gerda geduldig. „Am besten gehst du kurz ins Haus, ich habe eine bessere Idee.“

Beide gingen ins Haus. Helga beobachtete durch das Glas der Terrassentür die anderen, die ganz entspannt schauten, was die Wespen machten. Nach kurzer Zeit kam Gerda mit einem kleinen Teller, auf dem eine Scheibe Mortadella lag, zurück.

„So“, sagte sie, „die biete ich jetzt den Wespen an, dann lassen die uns bestimmt in Ruhe. Warte bitte noch kurz hier, bis die Wespen die Wurst entdeckt haben.“

Gerda platzierte den Teller etwa drei Meter vom Kaffeetisch entfernt auf einen kleinen Hocker – und siehe da: Es dauerte keine fünf Minuten, dann hatten die Wespen die Wurst entdeckt und begannen damit, kleine Stückchen auszusägen und abzutransportieren. So konnte Helga sich auf einen Wink von Gerda wieder zu ihnen gesellen.

„Interessante Idee“, meinte Annegret, die den Pflaumenkuchen genoss. „Woher weißt du, dass das klappt?“

„Ich habe doch vor langer Zeit einen Imkerkurs gemacht“, erzählte Gerda gern. „Da habe ich auch gelernt, dass im Spätsommer nicht mehr so viel Pflanzen blühen, die Nektar und Pollen haben. Das heißt: Die Wespen haben schlicht Hunger. Deshalb stürzen die sich auf alles, was Zucker hat – und das ist jetzt eben der Pflaumenkuchen.“

„Aber eine Scheibe Mortadella hat doch keinen Zucker“, wandte Annegret ein.

„Stimmt, dafür aber Eiweiß“, fuhr Gerda fort. „Den brauchen sie als Ersatz für die eiweißreichen Pollen für die Aufzucht ihrer Brut. Das ist für die Wespen, und übrigens auch für die Honigbienen, viel wichtiger als Nektar, der zu Honig wird. Und die Wurst besteht aus Eiweiß, ist also wertvoller als Kuchen. Und schon lassen die Wespen uns in Ruhe.“

Alle schauten ganz interessiert den fleißigen Wespen zu, die ein Stückchen nach dem anderen zu ihrem Nest brachten. Sie selbst genossen dabei in aller Ruhe ihren Kuchen, ohne noch einmal von den Wespen belästigt zu werden.

„Guck’ mal, geht doch!“, staunten alle. „Friedliche Koexistenz! Mit dem passendem Wissen und dem Verständnis für die Bedürfnisse kann man ganz prima mit den Wespen auskommen. Beide Seiten freuen sich, weil sie das bekommen, was sie brauchen.“

„Stimmt ganz offensichtlich, wie wir sehen.“

„Funktioniert übrigens auch beim Menschen“, ergänzte ganz überraschend Magda, die eher ruhige Natur in ihrer Runde. Alle schauten. „Vorausgesetzt natürlich der Mensch hört zu und denkt nach. Dann müsste man sich nicht so viel streiten und die Welt wäre friedlicher.“

Nach einer kleinen nachdenklichen Pause

nickten alle und Gerda fragte: „Möchte noch eine ein weiteres leckeres Stück Pflaumenkuchen?“

Reichlich Liebesperlen

Süßigkeiten waren eine absolute Ausnahme. Gab es einfach nicht, höchstens zu Weihnachten. Plätzchen zum Beispiel wurden auch bei uns gebacken. Welche zu kaufen wäre viel zu teuer gewesen. Süß und lecker im normalen Jahresverlauf war nur der Pudding, vorzugsweise sonntags als Nachtisch.

Auch der Sonntagsbraten war meist selbst großgezogen. Kaninchen gab es statt Rinder- oder Schweinebraten sehr oft. Tierhaltung war und ist auf dem Land normal. Als ich noch Kind war, hatte fast jedes Haus einen Schuppen, in dem mindestens Kaninchen oder Hühner gehalten wurden. Ställe mit Schweinekoben waren damals im Dorf schon seltener. Wir hatten noch einen, allerdings waren in den Koben Kaninchenmütter, Möhrken nannten meine Eltern sie, untergebracht. Alle anderen mussten sich mit den üblichen Kaninchenställen begnügen.

Eines Tages kam ich vom Kindergarten nach Hause und wunderte mich. „Geh mal in die Küche“, sagte Mutter. „Da steht was für dich auf dem Tisch.“ Es war Ende Mai und mitten in der Woche, schon merkwürdig. Ich schaute nach. Eine Schale voll mit Liebesperlen, also eine Süßigkeit, stand dort.

„Mama, warum bekomme ich Liebesperlen?", fragte ich vorsichtig nach, bevor ich davon naschte.

„Wir brauchen die Flasche", meinte sie nur. Stimmt, die zuckersüßen Perlen steckten normalerweise in nachempfundenen Nuckelflaschen.

„Wieso?", hakte ich nach.

„Du kannst aber auch Fragen stellen." Mutter war irgendwie gestresst. „Ein Möhrken hat zu viele Junge und kann die nicht alle sattkriegen, da müssen wir mithelfen zu füttern."

Ein Möhrken hat Junge, da musste ich sofort hin. Die sind nämlich niedlich. Nicht sofort, aber nach ein paar Tagen, wenn sie ihr erstes Fell bekommen und die Augen öffnen, dann fand ich die immer ganz toll und war öfter bei den Ställen zu finden.

Im Schuppen beim Schweinekoben angekommen, bot sich ein interessanter Anblick. Mitten im Koben hockte meine Großmutter im Schneidersitz, die Schürze über die Knie gelegt. In der Schürzenmulde vor ihr lagen eine Handvoll Kaninchenkinder. Eines der nackten und blinden Kaninchenkinder hielt sie in der einen Hand und in der anderen hatte sie eine mit Milch gefüllte Liebesperlenflasche. Damit versuchte sie das winzige Wesen zu füttern. Ich war sprachlos.

„Guck nicht so, hol lieber die nächste Flasche, da sind noch mehr hungrige Mäuler zu stopfen." Mit diesen Worten schickte mich Großmutter in die Küche, wo Mutter bereits das nächste Fläschchen füllte.

Und so ging es einige Zeit. Mehrmals täglich bekamen die kleinen Kaninchen ihre Flasche, bis sie irgendwann selbst aus den Näpfen fressen konnten. Es wurde fast normal. Ich naschte derweil die Liebesperlen. Aber nach ein paar Tagen wurden sie langweilig. Soviel Süßkram außer der Reihe und immer das gleiche, nämlich Zuckerperlen, war einfach zu viel.

Die Kaninchen entwickelten sich prächtig. Die Mühe hatte sich gelohnt. Allerdings hauptsächlich für uns, denn bis auf ein neues Möhrken und einen neuen Bock waren alle eines Tages nicht mehr da. Wie in jedem Herbst.

Ob ich sie wiedergesehen habe? Na klar, als leckeren Sonntagsbraten während des Winters. Dafür hatten die Erwachsenen sich die Mühe gemacht. Und ich war dankbar für die unerwartete Süßigkeit im Mai. Richtig gefreut habe ich mich aber über die Nüsse, die Apfelsinen und ein wenig Schokolade zu Weihnachten. Zum Glück gab es zu den Geschenken und selbst gebackenen Plätzchen keine weiteren Liebesperlen mehr.

Schutz für kleine Köpfe

Bernhard freute sich auf das Wiedersehen mit seinen Kumpels aus der Schulzeit. Es war sechzig Jahre her, dass sie entlassen wurden. Das war definitiv ein Grund zum Feiern. Gesittet natürlich, sie waren ja alle nicht mehr die jüngsten.

Sein Sohn hatte an diesem Wochenende zum Glück frei und konnte ihn fahren. Durch seine Arbeit war er nach der Schulzeit in eine andere Gegend gezogen. Nur etwa eine Stunde Autofahrt entfernt. Aber in seinem Alter, er war jetzt 75 Jahre alt geworden, traute er sich längere Strecken nicht mehr zu. Zu anstrengend. Kurze Strecken waren für ihn noch kein Problem. Außerdem begann das Treffen mit einem Abendessen um 18 Uhr und danach wollte er gern noch mit den anderen anstoßen. Da konnte es jetzt im Spätsommer schon dämmern. Da war es gut, dass sein Sohn ihn fuhr.

Es war ein fröhliches Hallo, obwohl ein paar bereits fehlten. Das Essen war lecker und gemeinsam wurde über die alten Bilder gelacht und geschmunzelt, die einige mitgebracht hatten.

Und für ein gut gekühltes Pilschen war auch gesorgt. Die Kronkorken der Flaschen sammelten sie auf einem tiefen Teller auf den Tischen.

Als sein Sohn nach draußen ging, um eine zu rauchen, fragte Andreas, der schon früher der Clown der Klasse war und immer verrückte Ideen hatte: „Wollen wir deinen Sohn mal ein wenig hopp nehmen?" Bernhard war gespannt, was jetzt kam.

„Dein Sohn wohnt doch in einer Großstadt und hat von Landwirtschaft keine Ahnung?" Bernhard stimmte zu.

„Hat er denn auch genug Humor?", vergewisserte Andreas sich. „Unnötig verärgern will ich ihn nicht, immerhin fährt er dich ja."

„Wird schon gehen", gab Bernhard grünes Licht.

Als Uli, Bernhards Sohn, zurückkam, hatte Andreas bereits einen kleinen Eimer besorgt. Er sprach Uli an: „Junger Mann, sammeln Sie doch schon mal die ersten Kronkorken von den Tischen ein. Hier in den Eimer, bitte. Die brauche ich nämlich noch."

Uli wunderte sich zwar, was das sollte, tat aber wie ihm geheißen. Mit gefülltem Eimer kam er an den Tisch zurück. „Darf ich fragen, wozu Sie die noch brauchen?" Uli hatte keine Idee, war aber neugierig. Darauf hatte Andreas spekuliert.

„Ja, wissen Sie, junger Mann", begann er und

konnte sich ein leises Grinsen kaum verkneifen. „Wir haben hier im Ort ja Brütereien für Küken."

Kleine Pause. Uli nickte.

„Wenn die geschlüpft sind, sind die ja nicht besonders klug und obendrein empfindlich."

Uli hatte immer noch keine Ahnung, was kommen würde.

„Ganz besonders an den Köpfen", fuhr Andreas fort. Uli konnte man das Fragezeichen über seinem Kopf förmlich ansehen.

„Deshalb brauchen die Küken Schutzhelme." Andreas grinste. „Und für die kleinen Köpfe sind Sonderanfertigungen zu teuer, deshalb basteln wir die aus den Kronkorken."

Andreas schaute Uli an und wartete auf eine Reaktion. Uli blickte skeptisch.

„Wirklich?", hakte er vorsichtig nach. Alle am Tisch nickten, konnten sich aber ein Grinsen nicht verkneifen. „Interessante Idee", meinte Uli immer noch ungläubig. Dann prusteten alle los.

„Natürlich nicht, junger Mann", löste Andreas die Situation auf. „Ich hab mir nur einen Spaß erlaubt. Nicht böse sein, bitte."

„Keine Sorge", lachte jetzt auch Uli, „was wäre das Leben ohne Spaß. Trotzdem eine witzige Idee. Na dann, meine Herren, Prost auf die Schutzhelme für Küken!"

Von Stuhllehne zu Stuhllehne

Hier muss es doch was geben. Wo Menschen sind, fallen doch auch immer Krümel ab. Auf dem Boden war nichts Leckeres zu finden. Ich fliege hoch, setze mich auf eine Stuhllehne. Erhöhte Position, freier Blick über die Tischplatte. Schade, total leergefegt. Ab zum nächsten Tisch, wieder auf die Stuhllehne. Die Menschen sind gerade gegangen. Also rauf auf den Tisch. Auch hier kein Krümel, nur Gläser ohne Wasser. Nicht einfach, so ein Spatzenleben. Obwohl: Hier im Biergarten ist der Tisch eigentlich meistens ganz gut gedeckt.

Da, sieh an, am Nebentisch gibt es was. Ich sehe Kuchen. Ein Stuhl ist frei, schnell setze ich mich auf die Lehne. Die Menschen schauen mich lächelnd an. Den Tisch behalte ich im Auge, ist mir aber im Moment zu gefährlich. Wer weiß, ob die wirklich nett sind. Lächeln kann täuschen. Ich hüpfe mal in der Nähe herum.

„Die sind ja gar nicht scheu“, sagt einer der Menschen.

„Es heißt ja auch frecher Spatz“, flachst ein anderer. Sehr witzig, denke ich nur.

„Wo Krümel sind, da sind auch Spatzen“, grinst der nächste.

„Gottes Geschöpfe sind vielfältig“, meint ein besonders gekleideter Mensch wohlwollend.

„Ja, ja, Herr Pastor“, schmunzelt eines seiner Schäfchen. „Wie heißt es in der Bibel so schön: Sie säen und sie ernten nicht und doch sorgt der Herr für sie.“

Der Pastor lächelt: „Wie wahr, mein Sohn, wie wahr.“

Die sind schon seltsam, diese Menschen. Wenn die wüssten, wie mühsam meine Kollegen und ich die Krümel, Grassamen und Würmer suchen und sammeln müssen. Auch kein Zuckerschlecken. Na, hoffentlich lassen sie meinen Kollegen und mir etwas von dem Kuchen übrig. Ich nehme auch die trockenen Krümel. Danke für die Spende.

Wenn das kein Beweis ist ...

Greta war gelernte Verkäuferin. Seit sie in Ruhestand war, half sie noch ab und zu an ihrem alten Arbeitsplatz aus. Immer, wenn mal wieder Hochbetrieb war, besonders vor und nach Feiertagen, kassierte sie gern für ein paar Stunden. Das entlastete die Kollegen und von dem Verdienst gönnte sie sich etwas Schönes.

An einen Ostersamstag, an dem richtig was los war, die Schlangen an den Kassen zogen sich bis in die Gänge zwischen den Verkaufsregalen, saß sie natürlich wieder an einer der vielen Kassen. An Karfreitag waren die Lebensmittelgeschäfte geschlossen, da hatten die Kunden wohl gemerkt, dass ihnen das eine oder andere noch fehlte. „Eigentlich war ja Fastentag", dachte Greta für sich. „Aber das hat sich wohl geändert." Also schob sie einen Artikel nach dem anderen so schnell wie möglich über den Scanner, so dass es in einer Tour piepte. Links und rechts von ihr arbeiteten die Kolleginnen ebenso so flott, damit die Schlange an wartenden Kunden nicht noch länger wurde als nötig. So entstand ein Konzert von geschäftigen Pieptönen.

„Was ist denn das?", fragte eine Kundin in leicht empörtem und angewidertem Tonfall. Greta schaute auf das Transportband, wo auch ein Kopfsalat lag.

„Was denn?", erkundigte sie sich ganz freundlich.

„Da krabbelt ja eine Raupe an dem Salat!" Die Kundin war ganz offensichtlich nicht davon begeistert.

„Ja, und?" Greta wusste nicht, worauf die Kundin hinaus wollte, griff aber schon mal zu einem Küchentuch aus Papier, um dieses vermeintliche Untier zu entfernen.

„Das geht ja gar nicht", schimpfte die Kundin. „Ist das denn hygienisch?" Die anderen Kunden in der Warteschlange, die nah genug waren, um zu verstehen, was gesprochen wurde, horchten merklich auf. „Da kaufe ich schon extra Bioqualität und dann so was", fuhr die erregte Kundin fort.

Jetzt merkte man den wartenden Kunden an, dass sie langsam genervt waren. Ein junger Mann etwas weiter in der Schlange rollte schon mit den Augen. Und noch weiter hinten schauten sie schon rüber. Die Kunden wollten wissen, warum es denn nicht weiter ging.

Greta reichte es jetzt auch. Für die Raupe

konnte sie schließlich nichts und deshalb angefaucht zu werden, fand sie nicht besonders nett. Obwohl sie ebenfalls verärgert war, blieb sie äußerlich ganz ruhig. Schließlich war sie Profi und der Kunde ist nun mal König.

„Der Salat ist Bioware, sagten Sie?“ – „Ja!“ – „Na, da ist die kleine Raupe doch der beste Beweis für Qualität“, kommentierte Greta ganz ruhig und mit einem Lächeln.

„Was?“ Die Kundin wusste nicht recht, was sie von der Antwort halten sollte. Die anderen Kunden sahen auch schon so aus, als wären sie ganz gespannt auf Gretas Erklärung.

„Na, der Salat ist ganz sicher gesund, denn der ist garantiert nicht gespritzt worden. Wäre er das, würde es diese kleine Raupe gar nicht geben“, führte sie aus. Dabei nahm sie das Tuch und entfernte die kleine Raupe, die mittlerweile auf dem Band herumkroch. „Also, ich weiß ja nicht, wie Sie das sehen,“ nutzte Greta die überraschte Stille der Kundin aus, „aber einen Salat, den nicht mal mehr eine Raupe essen möchte, möchte ich auch nicht verzehren.“

Kurze Stille. Die Kundin wusste darauf keine Antwort mehr.

„Und, soll ich den Salat beiseitelegen oder nehmen Sie ihn noch?“ Greta wollte gern weiter kassieren, da die Schlange immer weiter wuchs. Die Wartenden in Hörweite grinsten amüsiert.

Es schien sie zu interessieren, was die Kundin nun machte.

„Na gut, ich nehm' ihn", gab die Kundin klein bei. Greta kassierte sie schnell und freundlich ab.

„Gut gekontert", meinte die Kundin, die als nächstes an der Reihe war. Sie hatte alles ganz genau mitbekommen und verfolgt. „Ich bin mir nicht sicher, ob mir diese Antwort so schnell eingefallen wäre."

„Ach", sagte Greta ganz freundlich, während sie nebenbei die Waren über den Scanner schob, „ich bin nur von mir aus gegangen. Man kann doch nichts Natürliches erwarten und gleichzeitig die Natur verbannen. Die kleine Raupe ist doch auch nur Natur – und so hässlich ist sie ja nun auch wieder nicht."

„Und giftig auch nicht", ergänzte die Kundin grinsend. „Mir ist auch eine kleine Raupe lieber als irgendwelche Spritzmittel. Danke für diese kleine Abwechslung während der Wartezeit an der Kasse! Ich wünsche Ihnen noch einen schönen nicht allzu anstrengenden Arbeitstag mit ganz vielen netten Kunden und natürlich schöne Ostertage."

Wer stört?

Leise träume ich vor mich hin. Von leckeren Hundertfüßern, eine meiner Lieblingsspeisen. Jede Eidechse mag sie, da bin ich keine Ausnahme. Ameisen sind auch nicht schlecht. Wo eine ist, sind meist mehr. Man muss nur aufpassen, denn die können beißen.

Aber jetzt ist Herbst und ich habe mich in meinem Winterquartier eingekuschelt und dämmere vor mich hin. Schön gemütlich ist es in der Fuge hier im Mauerwerk, das den Spielplatz umgibt. Über mir ein wenig Moos, das hält die Kälte ab und ich bin gut getarnt.

Von Ferne nähert sich ein Kratzen. Ich höre es zwar, kann aber nicht nachsehen. Schließlich hat bei mir die Winterstarre schon eingesetzt. Also bleibe ich ruhig liegen. Die Ritze und das Moos über mir haben mich bis jetzt und auch schon im letzten Jahr gut geschützt. Meine Fressfeinde werden mich schon nicht finden. Einfach abwarten, bis das Kratzen weg ist und weiter von wärmeren Tagen träumen. Huch, was ist das? Plötzlich ist es so hell. Ich blinzele und versuche etwas zu erkennen.

„Ach du meine Güte", vernehme ich eine menschliche Stimme.

„Was ist denn?", fragt eine weitere.

„Unter dem Moos sitzt eine Eidechse."

„Echt? Lass mal sehen."

Ich blinzele ins ungewohnte Licht. Langsam erkenne ich zwei Menschen, wahrscheinlich Weibchen. Beide haben sich nah über mich gebeugt und starren mich fasziniert an.

„Hoffentlich habe ich dem Tier nicht wehgetan", sorgt sich die erste nach einer Weile. Das ist ja immerhin etwas, denke ich noch, da berührt mich auch schon der andere Mensch. Ich zucke leicht zusammen, obwohl es eine ganz vorsichtige Berührung mit der Fingerspitze ist. Trotzdem erschreckend und ich mag es nicht so gern. Wenn ich mich bewegen könnte, wie ich wollte, wäre ich schon längst zwischen den anderen Sandsteinen in einer Ritze verschwunden. Und zwar blitzschnell.

„Scheint ok zu sein", kommentiert die zweite Frau. „Die Eidechse bewegt sich noch." Zum Glück tut mir nichts weh. Langsam kann ich mich wieder etwas regen und krieche in Zeitlupe zwei Zentimeter zur Seite.

„Die Eidechse war nur schon im Wintermodus. Der ist kalt. Kein Wunder", grinst die Frau, „du hast ihr ja auch quasi die Bettdecke weggezogen."

„Meinst du wirklich?“ Die erste Frau ist immer noch leicht skeptisch.

„Na klar“, beruhigt die zweite Frau, „wir haben sie nur gestört.“

„Na, da decke ich sie mal schnell wieder zu“, meint die erste Frau. Ich bitte darum. Dann kann ich meinen Kreislauf wieder runter fahren und weiter träumen. Und schon hat sie mir den Placken Moos auf den Körper gelegt. Nun ja, den werde ich mir erst noch wieder zurechtrücken müssen.

„Hoffentlich überlebt die Eidechse das.“ Die erste Frau ist tatsächlich besorgt.

„Das wird sie schon, wir müssen sie nur jetzt in Ruhe lassen“, lächelt die zweite Frau. „Komm, wir jäten das Unkraut an anderen Stellen, dann kann sich das Tier in Ruhe wieder einrichten.“ Und weg sind sie.

Ach ja, zum Glück haben die beiden Tiere gern und sorgten sich, ob sie mir wohl geschadet haben. War wohl nur ein Versehen. Allzu saubere Fugen zwischen den Steinen hier am Abhang mögen zwar schön aussehen, sind aber nichts für unsere Art. Jetzt aber schnell wieder in meine Fuge und das Moos zurecht zupfen. Ein wenig Arbeit haben sie mir ja gemacht. Und dann schnell wieder den Kreislauf auf Winter einstellen. Der ist nämlich noch lang genug. Hoffentlich kommen nicht noch mehr so Störungen.

Wiedersehen in der Dämmerung

Na hallo, was schaust du denn so? Dass wir uns hier treffen, liegt daran, dass du noch zu später Stunde in deinen Garten gehst. Jetzt in der schon ziemlich weit fortgeschrittenen Dämmerung kann man mich treffen. Normalerweise sind wir nur nachts unterwegs. Tagsüber ruhen wir uns in unseren Erdhöhlen aus.

Oh, Entschuldigung, ich habe mich noch gar nicht vorgestellt. Ich bin Heka, eine Erdkröte, und ich lebe in deinem Garten. Und das auch gerne, denn er ist nicht so aufgeräumt wie die meisten. Das haben mir andere Kröten beim Stelldichein im Frühling bestätigt. Den Quellteich, in dem ich geboren wurde, kann ich von hier aus prima erreichen. Und das ganz gefahrlos, da keine befahrene Straße im Weg ist. So kann ich schon seit Jahren gemeinsam mit den anderen für Nachkommen sorgen.

Ach herrje, ich sehe schon, du findest mich nicht besonders hübsch. Zugegeben mit meiner braunen lederartigen Haut, die auch noch

Warzen trägt, entspreche ich nicht dem menschlichen Schönheitsideal. Aber es gibt hässlichere Tiere. Und ich bin obendrein nützlich. Auf meinen nächtlichen Streifzügen erbeute ich Spinnen, Asseln, Schnecken, Würmer und noch mehr Insekten und Weichtiere, die dir sonst das Gemüse weg knabbern würden. Du lächelst, ich nehme das mal als Dankeschön.

Aber vielleicht erinnerst du dich auch gerade an unsere Begegnung vor etwa acht Jahren? Da sind wir uns das erste Mal über den Weg gelaufen, sozusagen. Ich war noch eine junge Kröte mit wenig Lebenserfahrung, quasi frisch aus dem Quellteich. Deshalb war ich auch noch so dusselig und dachte, ich könnte ohne Probleme und das auch noch tagsüber über diese große grüne Fläche krabbeln. Ich hatte kaum die Hälfte der Grasfläche hinter mir, da machtest du mit einen metallischen Gerät ziemlichen Lärm. Hinter dir und dem Gerät war das Gras dann ganz kurz. Immer näher kamst du mir mit dem Gerät. Ich habe gemacht, was mir mein Instinkt vorgab. Tief ins Gras und so flach wie möglich auf den Boden drücken. Und dann war es über mir. Was für ein Krach!

„Huch", sagtest du, als ich hinter dem Gerät zum Vorschein kam, „eine Kröte." Es hat dich überrascht. „Was machst du denn hier? Da hast du aber verflixt viel Glück gehabt."

Und dann hast du mich sanft aber bestimmt durch freundliches Scheuchen an den Rand begleitet, ab ins Beet. Du erinnerst dich nicht? Das macht nichts, immerhin warst du besorgt und hast mir geholfen. Das fand ich damals richtig nett. Und ich beschloss zu bleiben. Seitdem war dein Garten auch mein Zuhause.

Aber an die Rettungsaktion letztes Jahr erinnerst du dich doch sicher? Ich war durch eine besonders leckere Beute ablenkt, habe nicht richtig aufgepasst und bin damals in ein Netz gestürzt, das die Johannisbeersträucher vor den Vögeln schützen sollte. Dummerweise hing das Netz teilweise über einen kleinen Abhang. Und da baumelte ich nun, alles Zappeln half nichts. Ich konnte mich einfach nicht befreien. Also gab ich auf. Das bemerkten nach einiger Zeit leider auch Fliegen, die uns gern befallen. Voll mit ihren Eiern war ich in kurzer Zeit. Auch mein leicht giftiges Sekret, das meine Warzen absondern, hielt sie nicht davon ab. Alles schien vorbei.

Zum Glück hast du mich am nächsten Tag gefunden. Gerade noch rechtzeitig, bevor die Larven schlüpfen konnten oder ich vertrocknet wäre. Gemeinsam mit deiner Mutter und deiner Schwester habt ihr mich aus dem Netz befreit.

„Die Fliegeneier müssen runter“, stellte deine Mutter mit fester Stimme fest. „Holt doch mal

Lappen und Wasser, damit wir die runter kriegen."

Am Anfang habe ich mich noch gewehrt. Ein wenig zappeln war noch drin, obwohl ich schon geschwächt war. Als die ersten Eier entfernt waren und ich durch das Wasser auch wieder befeuchtet war, hielt ich ganz still. Ganz schnell habe ich begriffen, dass ihr mir helfen wollt. Das tat gut. Eure tatkräftige Hilfe war sehr, sehr gründlich. Kein einziges Fliegenei habt ihr übersehen.

„So, ich glaube, wir haben alle entdeckt", sagte eure Mutter, als sie mich zum letzten Mal von allen Seiten begutachtete. „Am besten bringt ihr die Kröte jetzt in das kleine Waldstück hinter unserem Garten. Da ist sie wohl am besten aufgehoben."

Was deine Schwester und du auch brav gemacht haben. „Tschüss, mach's gut!", habt ihr noch gesagt und mich vorsichtig auf den Boden abgesetzt. Dort bin ich dann auch einige Tage geblieben. Aber ganz ehrlich, in eurem Garten gab es einfach mehr und schmackhafteres zu fressen als unter den Bäumen. Deshalb bin ich wieder hier.

Jetzt sitzt du in Hocke vor mir und lächelst mich immer noch an. Du scheinst mich zu mögen. Das finde ich schön und ich freue mich, dass ich hier willkommen bin. Aber nun habe ich Hunger. Ich gehe dann mal auf meine nächtliche Jagd. Ein fetter Wurm käme mir jetzt gerade recht. Keine Sorge, ich schaue auch in deinem Gemüsebeet vorbei. Die Schädlinge dort vernasche ich mit größtem Vergnügen. Das ist dann mein kleiner bescheidener Beitrag, dafür dass ich in deinem Garten wohnen darf, sozusagen Mietzahlung indirekt durch Fressen. Na, da haben wir ja beide was davon. Tschüss, bis zum nächsten Mal.

Zum Anbeißen schön

Eine Woche Urlaub an der Nordsee gönnten sie sich. Fünf befreundete Frauen hatten sich ab Hamburg durch ein kräftiges Schneegestöber bis in den Koog vor getastet. Ein LKW fuhr auf der Bundesstraße vor ihnen. Das war hilfreich, denn in seinen Windschatten kamen sie zwar langsam aber zuverlässig fast bis an ihr Ziel. Nur die letzten Kilometer im Koog mussten sie vorsichtig und allein durch die Schneewehen rutschen. Der Winter an sich störte sie nicht, nur der Schnee war hier im Koog ungewöhnlich. Als sie endlich im Warmen waren, fanden sie ihn aber schön. Sie freuten sich auf den nächsten Tag. Spaziergang im Schnee auf dem nahen Deich, das gab es nicht jedes Jahr.

Am nächsten Morgen schien die Sonne ins Zimmer. Der Schneesturm hatte sich verzogen. Ein blauer glasklarer Winterhimmel lud zum Spaziergang ein. Christa stieg aus dem Bett und schaute hinaus. Ein traumhafter Anblick bot sich ihr. Frostige Temperaturen und die feuchte Luft hier an der Küste hatten die Natur in einen glänzenden Garten verwandelt. Raureif überzog jedes noch so kleinste Detail mit einem feinen dünnen eisigen Mantel. Etwas blendete sie. Christa schaute genauer hin.

„Elfriede", rief sie beglückt und überrascht, „schau mal die Schafe!"

„Was meinst du?", fragte Elfriede, mit der sie sich das Zimmer in dieser Pension teilte, noch ganz schlaftrunken.

„Die Schafe sehen aus als wären sie mit Zuckerguss überzogen. Die Wolle auf ihren Rücken ist total vereist und glänzt in der Sonne."

Elfriede schaute jetzt ebenfalls neugierig aus dem Fenster. „Tatsächlich!", staunte auch sie. „Sieht ganz appetitlich aus."

„Hoffentlich frieren die nicht unter der Eisplatte auf ihrem Rücken", überlegte Christa.

„Ach was, die Wolle ist bestimmt dick genug", beruhigte Elfriede Christa, „außerdem sind die das hier oben im Norden gewohnt."

„Meinst du wirklich?" Christa schaute weiter fasziniert auf die Zuckergussschafe. „Toll aussehen tut es ja."

„Also ich habe jetzt erst recht Hunger bekommen, auch wenn es für Kuchen mit Zuckerguss noch viel zu früh ist", verkündete Elfriede. „Lass uns frühstücken gehen, die anderen warten bestimmt schon. Denen können wir ja von den appetitlichen Schafen erzählen."

Zwei, die sich verstehen

Auf ihrem Weg nach Hause vom Heimathaus, wo der Heimatverein des Ortes Veranstaltungen und Treffen anbot, kam Lisa wieder einmal an der Weide mitten im Dorf vorbei. „Das gibt es auch nur in einem kleinen Ort“, dachte sie. Innerhalb eines Ortes eine freie unbebaute Fläche, auf der ein Pferd grasen konnte, so etwas kann sich nur auf dem Land halten. In den Städten würde jeder Quadratmeter verbaut werden, da Wohnungen gebraucht würden. „Eigentlich schön, dass noch etwas Luft bleibt“, beendete sie ihren Gedanken.

Hinten auf der Weide graste ganz gemütlich ein Pferd. Lisa blieb kurz stehen und schaute ihm zu. Das bemerkte das Pferd und hob den Kopf. Für ein paar Sekunden beobachteten die beiden sich, dann aus einem Impuls heraus winkte Lisa kurz und lief weiter.

Ein paar Tage später kam sie wieder an der Weide vorbei. Dieses Mal hatte das Pferd sie schon gesehen und trabte langsam an den Zaun, hielt aber noch ein wenig Abstand. „Du hast mich wohl wiedererkannt, wie?“, meinte Lisa.

Das Pferd schnaubte ganz leise. „Ganz jung bist du auch nicht mehr, das sieht man deinem durchgedrückten Rücken an. Immerhin darfst du hier auf der Weide deine alten Tage verbringen." Das Pferd schnaubte noch einmal wie zur Bestätigung. „Na dann, bis zum nächsten Mal", damit setzte Lisa für dieses Mal ihren Weg fort.

Als wären alle guten Dinge drei, kam das Pferd beim nächsten Mal ganz schnell angelaufen, als es Lisa erblickte. Dieses Mal kam es ganz nahe und legte seinen Kopf ganz sanft auf Lisas Schulter. Lisa war freudig überrascht und streichelte dem Pferd über den Hals. „Ich habe heute Geburtstag, da willst du mir wohl gratulieren, was?", lächelte Lisa und freute sich über die unerwartete Zuneigung. „Das ist wirklich lieb von dir."

Eigentlich hatte Lisa nicht allzu viele gute Erinnerungen an Begegnungen mit Pferden. Einmal, als sie noch ein Kind war, hatte sie frisches Gras an ein Pferd verfüttert. Das wuchs vor dem Zaun, wo das Pferd nicht mehr herankam, also rupfte sie es ab und hielt es dem Pferd hin. Irgendwann hatte sie keine Lust mehr, aber das Pferd wollte mehr. Also schob es seinen Kopf über den Zaun und biss ihr vorsichtig in die Brust nach dem Motto: Mehr davon! Elsa hatte sich ziemlich erschrocken. Es war ein weißes T-Shirt, der Biss hatte nicht wehgetan, aber nun hatte sie einen großen grünen Gebissabdruck mitten auf ihrer Brust. „Das ist nicht lustig“, hatte sie damals mit dem Pferd geschimpft. Dann lief sie nach Hause. Alle, vor allem die Kinder, die ihr begegneten, lachten sie aus. Das war nicht schön.

Lisa musste jetzt bei der Erinnerung daran grinsen. „Dein Kollege war nicht das Problem“, sprach sie leise zu dem Pferd, „der wollte nur gern noch mehr frisches grünes Gras, gemein waren eigentlich nur die Kinder, manchmal sind die ganz schön hart und kennen kein Pardon. Aber du bist ja eins von der nettesten Sorte Pferd.“ Lisa streichelte das Pferd noch eine kleine Weile. „So, nun muss ich aber gehen“, stellte Lisa bestimmt fest, „Ich bekomme gleich noch ein paar Gäste, die wollen mir auch noch gratulieren. Also, danke schön. Wenn ich das nächste Mal hier vorbei komme, bringe ich dir ein paar schöne Äpfel mit. Mein alter Apfelbaum trägt gerade ganz viele, die sind jetzt im Herbst reif und süß. Was hältst du davon?“ Das Pferd nahm den Kopf von ihrer Schulter und schaute sie direkt an. Es kam ihr so vor, als würde es ganz leicht mit dem Kopf zur Bestätigung nicken. „Prima, also abgemacht, nächstes Mal gibt es eine Handvoll leckerer Äpfel von mir. Ich freue mich auf unser nächstes Wiedersehen!“

Leseprobe

Leseprobe aus

Martina Hegemann: Das Leben ist eine Achterbahnfahrt

Einmal Torfrau sein

„Er steht im Tor, im Tor, und ich dahinter…"

Leise summte sie die Melodie. Sie war ihr ganz von alleine in den Kopf gekommen. Als ihr bewusst wurde, was sie da summte, musste sie erst lächeln. Dann schüttelte sie den Kopf. Was hatte sich die Wencke Myhre 1969 nur dabei gedacht? Frauen als schmückendes Beiwerk. Einen kurzen Moment lang stieg schlechte Laune in ihr auf. Ihre Hände griffen fester um die Griffe ihres Rollators. Dann konzentrierte sie sich wieder auf das Spiel.

Sie stand tatsächlich hinter dem Tor. Die Frauenmannschaft ihres Heimatvereins bestritt ein wichtiges Spiel. Es ging um den Aufstieg in die nächste Liga. Wenn sie heute gewinnen, haben sie es geschafft, dachte sie. Durch die Maschen des Netzes beobachtete sie die Torfrau ihrer Heimmannschaft. Bis jetzt machte sie ihre Sache gut. Den einen oder anderen vermeintlich sicheren Torschuss hatte sie schon weggefischt. Aber das Spiel dauerte noch über eine Stunde. Da konnte noch viel passieren. Und selbst Tore geschossen hatte ihre Mannschaft auch noch nicht. Was wäre es schön gewesen, wenn sie auch einmal im Tor hätte stehen dürfen.

Leseprobe

Auf dem Bolzplatz ging es. Zunächst stand sie nur am Rand, aber als keiner von den Jungs ins Tor wollte, hakte sie nach. Und siehe da: Sobald die Jungs begriffen hatten, dass sie ein Talent dafür hatte, den Kasten sauber zu halten, durfte sie mitspielen. Einmal Torfrau bei einem echten, wichtigen Spiel sein, das war damals ihr Traum.

Fußball fand sie immer schon toll. Aber damals ging es nicht. Der DFB verbot den Mitgliedsvereinen, Frauen spielen zu lassen. Als der DFB das Verbot am 31. Oktober 1970 aufhob und der Heimatverein endlich – fast zehn Jahre später – das erste Training für Frauen anbot, war es für sie zu spät. Statt Fußball spielte sie dann Volleyball, und das nicht einmal schlecht. Es war sowieso nur ein „Abklatsch", denn wegen der angeblichen „schwächeren Natur" dauerte das Fußballspiel der Frauen nur siebzig Minuten, die Bälle waren kleiner und leichter, es gab keine Stollenschuhe und im Winter, also zur eigentlichen Saison, wurde gar nicht gespielt. „Gut, dass diese Zeiten vorbei sind", murmelte sie leise vor sich hin. Dann pfiff die Schiedsrichterin zur Halbzeit.

(...)